LES

SEPT PÉCHÉS CAPITAUX

— Première partie —

L'ORGUEIL

V

L'ORGUEIL

LA DUCHESSE

LES SEPT PÉCHÉS CAPITAUX PAR E. SUE

I

Mademoiselle de Beaumesnil avait vivement saisi l'occasion de se rapprocher de M. de Macreuse ; elle comptait sur cet entretien pour savoir si sa défiance envers ce prétendant était fondée. Elle inclinait à le croire, le protégé de l'abbé Ledoux ayant déclaré à mademoiselle Héléna qu'il avait ressenti, à la vue de mademoiselle de Beaumesnil, une *impression soudaine, irrésistible...*

Or, d'après l'épreuve tentée chez madame Herbaut, l'héritière savait à quoi s'en tenir sur les impressions soudaines... irrésistibles... que sa beauté devait produire.

Cependant, songeant aux diverses circonstances qui lui avaient fait remarquer M. de Macreuse, se rappelant la douleur si profonde qu'il semblait ressentir de la perte de sa mère, la charité dont il faisait preuve par ses aumônes, et surtout les angéliques et rares vertus... à propos desquelles mademoiselle Héléna s'exclamait incessamment... Ernestine voulut, ainsi qu'on dit vulgairement, *avoir le cœur net* à l'endroit de ce mo-

dèle de toutes les qualités du cœur et de
l'esprit.

— M. de Macreuse, — pensa-t-elle, — m'avait beaucoup intéressé... son extérieur est agréable... sa mélancolie touchante... et, sans la révélation de M. de Maillefort, qui m'a mise en défiance de moi-même et des autres, peut-être aurais-je senti quelque penchant pour M. de Macreuse... peut-être, séduite par ses rares et hautes qualités... dont on me parlait si souvent... obéissant, à mon insu, à l'influence de mademoiselle Héléna, et cédant au choix qu'elle m'indiquait... peut-être... j'aurais épousé M. de Macreuse, qui devait, dit-on, assurer le bonheur de ma vie. Voyons donc quel choix j'aurais fait... J'ai, pour reconnaître la sincérité du mensonge... un moyen infaillible.

M. de Macreuse, rempli de confiance par les communications d'Héléna, comprenant l'importance décisive de cet entretien, s'était dès longtemps préparé, ainsi qu'il l'avait dit à l'abbé Ledoux à *jouer serré.*

Lorsqu'il eut le bras d'Ernestine sous le sien, le pieux jeune homme parut donc tressaillir subitement, et la jeune fille sentit l'espèce de frissonnement qui parcourut le bras de son danseur.

Une fois en place, par deux fois M. de Macreuse essaya d'adresser la parole à mademoiselle de Beaumesnil ; mais il sembla dominé par une émotion si vive, si naturelle, qu'il rougit très visiblement... (L'abbé Ledoux avait enseigné à son protégé un moyen de rougir presque infaillible ; c'était de baisser la tête pendant quelques secondes, en retenant sa respiration.

Cette émotion, très habilement placée d'ailleurs, occupait justement les premiers moments de la contredanse, pendant lesquels M. de Macreuse n'avait pu échanger que peu de paroles avec mademoiselle de Beaumesnil.

Du reste, par un prodige d'art et de tact, le fondateur de l'*OEuvre de Saint-Polycarpe* trouva le moyen, non-seulement d'échapper au ridicule auquel s'expose presque forcément un homme obligé de danser, tout en affectant les apparences d'une profonde mélancolie ; mais encore il sut être aux yeux de mademoiselle de Beaumesnil presque intéressant malgré les évolutions chorégraphiques auxquelles il se voyait contraint.

M. de Macreuse était d'ailleurs assez bien servi par son extérieur. Vêtu tout de noir, chaussé et ganté avec un soin irréprochable, la coupe de son habit était élégante, et le satin de sa cravate noire seyait parfaitement à sa figure blonde et régulière ; sa taille, quoique un peu replète, ne manquait pas d'aisance, et, selon l'habitude, au lieu de danser, il marchait seulement en mesure ; sa démarche avait ainsi une sorte de lenteur gracieuse, mêlée parfois de soudains accablements... comme s'il eût traîné le poids douloureux de quelque grand chagrin.

Deux ou trois fois cependant, le pieux jeune homme jeta sur mademoiselle de Beaumesnil un regard navrant et résigné, qui semblait lui dire :

« Je suis étranger aux plaisirs du monde...
« déplacé dans ces fêtes dont mes chagrins
« m'éloignent... mais ce contraste pénible
« entre ma peine et les joies qui m'entou-
« rent, je le subis... parce que je n'ai pas
« d'autre moyen de me rapprocher de
« vous. »

Le disciple chéri de l'abbé Ledoux appartenait à une haute école d'excellents comédiens, dans laquelle on *travaillait* soigneusement la mimique en général, et, en particulier, les regards à la fois significatifs, mais contenus, les soupirs expressifs, mais discrets, le tout congruement accommodé de roulements d'yeux, de mines contrites, béates ou candides, et parfois enflammées d'une ardeur mystique; aussi le triomphe de M. de Macreuse fut-il complet, en cela que mademoiselle de Beaumesnil, malgré la défiance dont elle était dominée, ne put s'empêcher de se dire :

— Pauvre M. de Macreuse ! il est en effet bien pénible pour lui de se trouver égaré dans cette fête à laquelle il doit prendre si peu de part, abîmé comme il l'est dans le désespoir que lui cause la mort de sa mère...

Mais la défiance d'Ernestine reprenant le dessus :

— Alors, pourquoi vient-il ici ? — se demanda-t-elle. — Peut-être est-il seulement guidé par une arrière-pensée cupide ? C'est donc dans une honteuse espérance qu'il oublie ses chagrins et ses regrets.

M. de Macreuse ayant enfin trouvé un moment opportun pour entamer une conversation de quelque durée avec Ernestine, se prit d'abord à rougir de nouveau et lui dit de sa voix la plus timide, la plus onctueuse, la plus pénétrante :

— Je dois en vérité, Mademoiselle, vous paraître... bien gauche... bien ridicule.

— Pourquoi cela, Monsieur ?

— Depuis le commencement de cette contredanse, je n'ai pas encore... osé... vous adresser une seule... parole... Mademoiselle... mais... le trouble... la crainte...

— Je vous fais peur... Monsieur ?

— Hélas !... oui, Mademoiselle.

— Mais, Monsieur... ceci n'est pas galant du tout.

— Je ne sais pas dire de galanterie, Mademoiselle, — répondit le Macreuse avec une tristesse fière, — je n'ai pour moi que la sincérité : je vous parle de la crainte que vous m'inspirez... cette crainte est réelle.

— Et comment, Monsieur, vous causai-je cette crainte?

— En bouleversant ma vie, ma raison... Mademoiselle, car, du moment où je vous ai vue, sans vous connaître... votre image s'est placée... entre moi et les deux seuls objets de ma religieuse adoration... alors je suis resté aussi troublé qu'ébloui; j'avais jusqu'ici vécu pour prier Dieu... et pour chérir ou regretter ma mère... tandis que maintenant...

— Mon Dieu! Monsieur, que c'est donc ennuyeux tout ce que vous me contez là!... Cela vous étonne? c'est pourtant la vérité;

car d'abord, moi, voyez-vous? — ajouta mademoiselle de Beaumesnil, en affectant, de ce moment, le ton impérieux et dégagé d'un enfant ridiculeusement gâté, — j'ai l'habitude de dire tout ce qui me passe par la tête... à moins que je ne sois forcée de faire l'hypocrite.

Que l'on juge si M. de Macreuse fut surpris de cette interruption, et surtout de la façon dont elle était formulée, lui qui, selon le rapport de mademoiselle Héléna, espérait et croyait trouver dans Ernestine une enfant naïve... si ce n'est sotte, et toute en Dieu; aussi avait-il, d'après cette donnée, composé un maintien et un langage parfaitement approprié, pensait-il, au goût et à l'entendement... d'une dévote ingénue.

Cependant, trop habile pour trahir son étonnement, prêt à changer de masque au besoin et à improviser une transition pour se mettre au *diapason* de l'héritière, le pieux jeune homme répondit en hasardant un demi sourire (il s'était tenu jusqu'alors dans un milieu grave et mélancolique) :

— Vous avez raison, Mademoiselle de dire tout ce qui vous passe par la tête... d'autant plus qu'il ne doit y passer que de charmantes choses...

— A la bonne heure... Monsieur... j'aime mieux cela..., car, tout-à-l'heure... vous n'étiez pas amusant du tout.

— Il dépend de vous, Mademoiselle, —

reprit le Macreuse en risquant cette fois le sourire complet et en déposant pour ainsi dire pièce à pièce sa physionomie jusqu'alors touchante et accablée, — il dépendra toujours de vous... Mademoiselle... de changer la tristesse en gaîté ; rien ne vous est impossible.

— C'est qu'aussi, Monsieur, il y a temps pour tout... moi, je parais triste le matin, pendant l'office, parce que ça n'est pas gai, la messe... oh ! non, et que, pour faire pièce à madame Héléna, je prends des airs de *sainte n'y touche*... mais, au fond, j'aime beaucoup à rire et à m'amuser. A propos... comment trouvez-vous ma toilette ?

— D'un goût exquis... elle contraste, par

sa simplicité délicieuse, avec les parures effrénées de toutes ces pauvres femmes; après tout, il faut les excuser, et ne pas trop vous glorifier ; elles ont besoin de parure, et vous, vous pouvez vous en passer, Mademoiselle... Pourquoi orner ce qui est parfait ?

— C'est ce que je me suis dit... — reprit Ernestine de l'air le plus leste et le plus impertinemment convaincu, — j'ai pensé qu'avec ma petite robe blanche j'étais bien certaine d'éclipser toutes les autres jeunes personnes, et de les faire enrager de dépit... C'est si amusant... d'exciter l'envie des autres... de les bien tourmenter !...

— Vous devez, Mademoiselle, être très habituée à ce plaisir-là, et il est tout simple que la jalousie des autres fasse votre joie, comme vous le disiez si spirituellement toutà-l'heure...

— Oh! je n'ai pas positivement beaucoup d'esprit... — reprit Ernestine, en affectant la plus outrecuidante niaiserie, — mais je suis très malicieuse, et je ne peux pas souffrir que l'on me contredise... C'est pour cela que je déteste les vieilles gens, qui sont toujours à faire de la morale aux jeunes. Est-ce que vous les aimez, vous, Monsieur, les vieilles gens?

— Il faut laisser dire ces *momies*, Mademoiselle, la vraie morale... c'est le plaisir.

Et l'impérieuse nécessité d'une figure de

contredanse ayant interrompu de Macreuse, il profita de cette excellente occasion pour transformer complètement sa physionomie, et prendre l'air le plus enjoué, le plus *mauvais sujet* possible ; sa danse même se ressentit de cette transformation : elle fut plus animée, plus légère ; le jeune homme de bien se souriait à soi-même, se redressait, portait haut et crânement la tête ; puis, quand il en trouvait l'occasion, il jetait sur mademoiselle de Beaumesnil des regards aussi passionnés que les premiers avaient été discrets et timides.

Tout en dansant et se posant sous cette physionomie nouvelle, le protégé de l'abbé Ledoux se disait :

— C'est à merveille... cette petite fille est hypocrite et fausse, puisqu'elle a donné le change sur son caractère à mademoiselle de la Rochaiguë, ou plutôt... je devine... cette excellente amie aura craint de m'effrayer en me disant la vérité sur mademoiselle de Beaumesnil... C'est me connaître bien peu... Je préfère que cette petite fille soit sotte et vaniteuse puisqu'elle se croit spirituelle, charmante, et capable d'effacer les plus jolies femmes de ce bal : fausseté, sottise et vanité... il faudrait être bien maladroit pour ne pas se servir avantageusement de ces trois excellents leviers... Maintenant, abordons la grande question ! Avec une niaise de cette force, la réserve est inutile, l'on ne saurait pousser trop loin la flatterie ; la complaisance doit aller presque à la bassesse, car cette petite est une enfant gâtée par la fortune... Elle sait parfaitement qu'elle peut tout se permettre, et qu'on doit tout lui passer, parce qu'elle est *la plus riche héritière de France.*

En revenant à sa place, M. de Macreuse dit à Ernestine :

— Vous m'avez tout-à-l'heure, Mademoiselle, reproché d'être triste... il ne faut pas croire que maintenant je sois parfaitement gai, mais le bonheur d'être auprès de vous m'étourdit... et j'ai tant besoin de m'étourdir !

— Pourquoi donc, Monsieur?

— Si mademoiselle Héléna... en me faisant espérer... que, peut-être... vous m'auriez remarqué... que peut-être... un jour... lorsque vous me connaîtriez davantage, vous me croiriez digne de vous consacrer ma vie... si mademoiselle Héléna s'était trompée...

— A propos de mademoiselle Héléna, Monsieur, avouez qu'elle est joliment ennuyeuse.

— C'est vrai... mais elle est si bonne !

— Oh ! bonne !... cela ne l'a pas empêchée de me dire de vous... un mal affreux...

— De moi ?

— Ou si vous l'aimez mieux, tant de bien... tant de bien, que je me disais : « Mon Dieu ! « que ce monsieur doit être insupportable « avec toutes ses qualités ; quelqu'un de si « parfait... ça doit être bien gênant ; et puis « toujours à la messe ou à de bonnes « œuvres... c'est à en périr d'ennui. » Je ne disais pas cela à mademoiselle Héléna... mais je n'en pensais pas moins... Jugez donc, Monsieur, moi qui ne veux me marier que pour être libre comme l'air, m'amuser du matin au soir, être toujours dans le monde, donner le ton, être la femme la plus à la mode de Paris... et surtout aller au bal de l'Opéra... Oh ! le bal de l'Opéra, j'en raffole rien que d'y penser... Dam !... à quoi me servirait d'être aussi riche que je le suis, si ce n'était pas pour jouir de tous les plaisirs et faire toute ma volonté?... C'est bien le moins!

— Quand on est riche comme vous l'êtes, — reprit M. de Macreuse, avec verve, — on est reine partout, et d'abord chez soi... L'homme que vous honorerez de votre choix... devra être... pour suivre ma comparaison, le premier ministre de vos plaisirs... que dis-je? votre premier courtisan : comme tel, toujours soumis, empressé; son unique emploi sera d'écarter de vous les plus légers soucis de la vie, et de ne vous en laisser que les fleurs... L'oiseau dans l'air ne doit pas être plus libre que vous ; si votre mari comprend ses devoirs... vos plaisirs... vos volontés... vos moindres caprices, tout doit être sacré pour lui. N'est-il pas l'esclave? N'êtes-vous pas la divinité?

— A la bonne heure, Monsieur! voilà qui me raccommode avec vous; mais, d'après ce que m'avait dit de vous mademoiselle Hléléna... d'après ce que j'avais vu moi-même...

— Et qu'avez-vous vu, Mademoiselle?

— Par exemple, je vous ai vu faire l'aumône aux pauvres... et même leur parler...

— Certes... Mademoiselle... et... je...

— D'abord, moi, Monsieur, j'ai horreur

des pauvres... ils sont hideux avec leurs guenilles... ça soulève le cœur!

— Ce sont, il est vrai, Mademoiselle, d'abominables gueux; mais, il faut de temps à autre jeter une aumône à ces gredins, comme on jette un os à un chien affamé pour qu'il ne vous morde point : c'est pure politique.

— Oh! alors, Monsieur, je comprends; car je me demandais comment vous pouviez vous intéresser à des gens si répugnants à voir...

— Eh! mon Dieu! Mademoiselle, — reprit le Macreuse, de plus en plus pressant, — il ne faut pas vous étonner de certaines contradictions apparentes... entre le présent et le passé... Si elles existent... vous en êtes la cause... ne devez-vous pas les pardonner?... Quelles ont été tout-à-l'heure mes premières paroles?... Ne vous ai-je pas avoué que vous avez bouleversé ma vie?... Eh bien! oui... j'avais des chagrins, je n'en ai plus... j'étais pieux... il n'est plus pour moi qu'une divinité... la vôtre!... Quant à mes vertus, — ajouta M. de Macreuse en souriant d'un air fin, — qu'elles ne vous effarouchent pas... je garderai celles qui vous seront commodes, trop heureux de mettre les autres... à vos pieds.

— Ah! c'est infâme, — se dit Ernestine. — Cet homme, pour m'intéresser, avait feint d'être vertueux, dévôt, charitable, bon fils, et voilà qu'il renie ses vertus, sa charité, sa mère, son Dieu, pour me plaire davantage et arriver à son but... *m'épouser pour mon argent...* et les détestables penchants que j'affecte... ne le choquent pas... il les loue... il les exalte.

Mademoiselle de Beaumesnil, peu habituée à la dissimulation, et qui avait fait jusqu'alors de grands efforts de contrainte pour jouer le rôle qui devait l'aider à démasquer M. de Macreuse, ne put cacher son dégoût, son mépris, qui, malgré elle, se trahissait sur son visage aux dernières paroles de M. de Macreuse.

Celui-ci, comme tous ceux de son école, étudiait incessamment la physionomie des gens qu'il voulait convaincre ou tromper...

La contraction pénible des traits de mademoiselle de Beaumesnil, son sourire de dédain amer, une sorte d'indignation impatiente, contenue, qu'en ce moment elle dissimulait à peine... tout fut pour M. de Macreuse une révélation soudaine.

— Je suis pris, — pensa-t-il, — c'était un piège... Elle se défiait de moi... elle a voulu m'éprouver... Elle a feint d'être sotte, capricieuse, impie, vaine, méchante... pour voir sans doute si j'aurais le courage de la blâmer... et si mon amour tiendrait contre cette découverte... J'ai donné dans le panneau... comme un sot... Comment diable aussi aller se défier de cette ingénue de seize ans!... Mais, — se dit le disciple chéri de l'abbé Ledoux, frappé d'une idée subite, — si elle a feint ces mauvais penchants, ses penchants réels sont donc bons et généreux? Si elle a voulu m'éprouver, elle a donc quelques vues sur moi?... Rien n'est désespéré... il faut jouer un grand coup...

Ces réflexions du pieux jeune homme durèrent un instant à peine; mais cet instant lui suffit pour se préparer à une nouvelle transformation.

Ces quelques instants avaient aussi suffi à mademoiselle de Beaumesnil pour calmer ses pénibles sentiments et reprendre courage, afin de terminer cette épreuve en couvrant le Macreuse de honte et de mépris.

— Vraiment, Monsieur, vous me feriez le sacrifice de vos vertus? — reprit Ernestine, — l'on n'est pas plus aimable... Mais voici la contredanse finie... au lieu de me ramener à ma place, voulez-vous me conduire dans cette galerie de fleurs que l'on voit à travers le salon? cela paraît charmant.

— Je suis trop heureux de me mettre à vos ordres, Mademoiselle; d'autant plus que j'aurai, si vous le permettez, quelques derniers mots à vous dire... et ces paroles... seront graves.

L'accent de M. de Macreuse avait complètement changé, il était bref, ferme, presque dur.

Ernestine, étonnée, jeta les yeux sur le pieux jeune homme... il était redevenu triste, ainsi qu'au commencement de la contredanse, mais d'une tristesse, non plus mélancolique et touchante, mais sévère, presque irritée.

De plus en plus surprise de cette métamorphose que le Macreuse compléta, solidifia pour ainsi dire, pendant le trajet du salon à la galerie, mademoiselle de Beaumesnil se demandait la cause de ce singulier changement.

La vaste galerie où elle entrait alors était latéralement bordée d'encaissements de stuc remplis de masses de fleurs; à l'une des extrémités, l'on voyait un buffet splendide;

presque tous les danseurs étant en ce moment occupés à reconduire leurs danseuses à leur place, il y eut fort peu de monde dans cette galerie pendant quelques minutes qui suffirent à M. de Macreuse pour dire ce qu'il avait à dire à Ernestine.

— Puis-je savoir, Monsieur, — lui demanda l'orpheline, qui ne concevait rien à la soudaine sévérité des traits de son danseur, — puis-je savoir, — ajouta-t-elle en souriant, afin de continuer son rôle, — quelles graves paroles vous avez à me dire?... Graves?... c'est bien près d'être ennuyeux... ce me semble... et vous le savez, j'ai horreur de ce qui est ennuyeux ;

— Ennuyeuses ou graves, vous voudrez

pourtant bien subir ces paroles, Mademoiselle, ce sont les dernières que vous entendrez de moi.

— Les dernières... de cette contredanse... apparemment?

— Ce sont les dernières paroles que je vous dirai de ma vie, Mademoiselle...

Et il y eut dans la voix, dans les traits, dans l'attitude du pieux jeune homme quelque chose de si douloureux et de si fier, que mademoiselle de Beaumesnil resta frappée de stupeur.

Cependant elle reprit en tâchant encore de sourire :

— Comment, Monsieur?... je ne vous verrai plus?... après ce que mademoiselle Héléna m'a dit de vous... de...

— Écoutez, Mademoiselle, — dit M. de Macreuse, en interrompant Ernestine, — il m'est impossible de feindre davantage... de parler plus longtemps... un langage qui n'est pas le mien...

— De quelle feinte... s'agit-il donc, Monsieur?

— Pour venir ici, Mademoiselle, je me suis étourdi sur d'horribles chagrins ; car j'espérais vous voir... et surtout... trouver en vous... la jeune fille pieuse, sensible, généreuse, candide... dont, pour mon repos, mademoiselle Héléna ne m'avait fait que trop d'éloges... C'est donc à cette jeune fille que j'ai adressé mes premières paroles, empreintes de la tristesse qui m'accable... mais la raillerie, la frivolité... les ont presque tout d'abord accueillies...

— Qu'entends-je? quel langage? — se dit Ernestine, — où veut-il en venir?

— Alors un doute affreux m'a traversé l'esprit, — continua M. de Macreuse avec un sourire amer. — Je me suis dit que peut-être, Mademoiselle, vous ne possédiez pas ces rares qualités que j'adorais, et que je croyais trouver en vous... A une si pénible découverte, je n'ai pas voulu d'abord me résigner... attribuant vos premières paroles à la légèreté, à l'étourderie de votre âge... Mais, hélas! la moquerie, la sécheresse de cœur, l'irréligion, la vanité, m'ont paru percer dans votre entretien... Alors, j'ai voulu m'éclairer tout-à-fait... et quoique, à chaque instant, mon cœur saignât, j'ai voulu lutter avec vous d'insensibilité pour tout ce qui est pitoyable, de dédain pour tout ce qui est sacré... J'ai été jusqu'à paraître renier ce qui est pour moi plus cher que la vie... ma religion et le souvenir de ma mère... (et une larme contenue brilla très à point dans les yeux du disciple de l'abbé Ledoux).

— C'était une épreuve... — pensa Ernestine.

— J'ai affecté les sentiments les plus vicieux, — reprit M. de Macreuse avec une indignation concentrée, — les maximes les plus impies... et de votre part... pas un mot de blâme... pas même un mot de surprise ! Enfin, j'ai poussé à l'extrême l'adulation, la lâcheté, la bassesse... et vous êtes restée calme, plaisantant toujours, approuvant mes paroles, au lieu de m'accabler du mépris que je méritais... Mais l'épreuve a assez duré, a trop duré... pour moi, car elle me porte un coup aussi imprévu qu'accablant... Enfin, c'en est fait... Pardonnez cette sévérité de langage à laquelle vous êtes peu habituée, Mademoiselle... mais, sachez-le bien, je ne consacrerai jamais ma vie qu'à une femme digne en tout de mon amour et de ma respectueuse estime.

Et d'un air digne, sévère, mais profondément affligé, M. de Macreuse salua Ernestine et la laissa stupéfaite.

— Ah!... grâce à Dieu, je m'étais trompée ! pensa la pauvre enfant avec bonheur, — tant d'hypocrisie, de fausseté, de bassesse n'étaient pas possibles!... M. de Macreuse a été révolté des apparences que j'avais prises, voilà encore une âme sincère et élevée!..

Les réflexions de cette naïve créature, incapable de lutter de ruse avec le fondateur de l'*Œuvre de Saint-Polycarpe,* furent interrompues par mesdames de la Rochaiguë et de Senneterre; celles-ci ayant vu mademoiselle de Beaumesnil entrer dans la galerie avec M. de Macreuse, s'étaient hâtées de venir les rejoindre, croyant que la jeune fille allait prendre une glace au buffet; mais les deux femmes la trouvant seule :

— Eh bien ! ma chère belle, — lui demanda madame de la Rochaiguë, — que faites-vous là ?

— Je venais respirer un peu ici, Madame, il fait si chaud dans le salon !

— Mais, ma chère belle, cette galerie est trop fraîche... vous risquez de vous enrhumer. Il vaut mieux revenir dans le salon.

— Comme il vous plaira, Madame, — reprit mademoiselle de Beaumesnil, en accompagnant dans la salle de bal mesdames de Senneterre et de la Rochaiguë.

A l'instant où Ernestine entrait dans le salon, elle remarqua M. de Macreuse, qui attachait sur elle un regard désolé; mais il se retourna brusquement, comme s'il eût craint que la jeune fille n'eût remarqué la douloureuse émotion qu'il semblait ressentir et vouloir cacher.

II

Mademoiselle de Beaumesnil, en rentrant dans la salle de bal, aperçut, non loin de la place qu'elle venait de quitter, Gerald de Senneterre debout, appuyé contre l'embrasure d'une porte ; il était fort pâle, et paraissait profondément triste.

A la vue du duc de Senneterre, Ernestine se rappela le désespoir de son amie, et se demanda comment, malgré son amour pour Herminie et l'offre qu'il lui avait faite de l'épouser, Gerald venait à ce bal, où une rencontre avec elle, Ernestine, lui avait été ménagée par madame de la Rochaiguë.

En reconduisant à sa place *la plus riche héritière de France*, madame de Senneterre lui dit avec la plus charmante affabilité :

— Mademoiselle... je suis chargée de vous demander une grâce de la part de mon fils...

— Et laquelle, Madame ?

— Il vous prie de lui accorder la première contredanse... quoiqu'il ne danse pas ce soir... car il était... et il est encore horriblement souffrant... aussi lui a-t-il fallu un courage surhumain pour venir à ce bal... mais il espérait avoir l'honneur de vous y rencontrer... Mademoiselle, et un pareil espoir accomplit des prodiges.

— Mais, madame... si M. de Senneterre ne danse pas... à quoi lui sert de m'engager ?

— C'est un secret qu'il va vous dire... lorsque la foule des ambitieux danseurs qui vont vous assaillir d'invitations sera écoulée... Veuillez seulement vous rappeler..... que la première contredanse appartient à mon fils... si toutefois vous voulez bien lui accorder cette faveur.

— Avec le plus grand plaisir, Madame.

— Gardez-moi une place auprès de vous, ma chère, — dit la duchesse à madame de la Rochaiguë en la quittant, — je vais prévenir Gerald.

En attendant M. de Senneterre, mademoiselle de Beaumesnil songeait avec la candide satisfaction d'un cœur honnête, que M. de Macreuse avait trompé ses craintes ; plus elle y réfléchissait, plus la conduite du pieux jeune homme lui plaisait par sa rudesse même ; elle mettait cette austère franchise presque au niveau du sentiment qu'elle croyait avoir deviné chez Olivier, lorsque celui-ci, apprenant inopinément qu'il était nommé officier, avait jeté sur la jeune fille un regard... dont elle avait compris la généreuse signification.

— Ce sont deux nobles et belles âmes, — se disait-elle.

Mais bientôt mademoiselle de Beaumesnil fut distraite de ces douces et consolantes pensées : à peine assise, elle fut assaillie d'invitations, ainsi que le lui avait dit madame de Senneterre ; décidée à observer et à écouter beaucoup, l'héritière les accepta toutes, et entre autres celle de M. de Mornand, qui venait ensuite de cette promesse à Gerald.

Très impatiente de connaître les intentions de ce dernier, et de savoir pourquoi, ne dansant, pas il l'avait engagée, Ernestine attendait, avec autant d'intérêt que de curiosité, l'instant où Gerald allait se rapprocher d'elle. Enfin elle le vit quitter sa place, après avoir dit quelques mots à l'oreille de M. de Maillefort, qu'Ernestine retrouvait pour la première fois depuis leur mystérieuse rencontre chez Herminie.

A l'aspect du bossu, l'orpheline ne put s'empêcher de rougir; mais s'étant hasardée à lever les yeux sur lui, elle fut touchée de l'expression de tendre sollicitude avec laquelle il la contemplait, et à un sourire d'intelligence qu'il lui adressa, elle se sentit complètement rassurée sur la discrétion du marquis.

Le moment de prendre ses places pour la

contredanse étant arrivé ; Gerald s'approcha de mademoiselle de Beaumesnil, et lui dit :

— Je viens, Mademoiselle, vous remercier de la promesse que vous avez bien voulu faire à ma mère...

— Et je suis disposée à la remplir, Monsieur, lorsque je saurai...

— Comment, ne dansant pas, je vous ai engagée pour cette contredanse ?

— Oui, Monsieur.

— Mon Dieu ! Mademoiselle, — dit Gerald, en souriant malgré sa tristesse, — il s'agit d'une innovation... qui j'en suis certain, aurait beaucoup de succès si elle était adoptée...

— Et cette innovation, Monsieur ?

— Pour beaucoup de personnes, et je vous avoue que je suis du nombre... une contredanse n'est qu'un prétexte de conversation à deux, qui dure un quart-d'heure... Eh bien ! pourquoi tout simplement ne pas dire : Madame ou Mademoiselle... voulez-vous me faire l'honneur de causer avec moi pendant le prochain quart-d'heure ?

— En effet, Monsieur, cela vaudrait quelquefois beaucoup mieux... pour ceux ou pour celles qui savent causer, — reprit Ernestine en souriant.

— Aussi ne vous parlais-je que de ceux-là, Mademoiselle, et comme pour causer l'on est infiniment plus à son aise sur un sopha que debout... l'on s'asseoirait pour cette contredanse... causée.

— Vraiment, Monsieur, je trouve l'idée très heureuse...

— Et vous acceptez?

— Sans doute... — répondit Ernestine en se rapprochant un peu de madame de la Rochaiguë et faisant à Gerald une place à côté d'elle.

Les danseurs et les danseuses ayant alors

pris leurs places, une grande partie des sièges resta vide.

Gerald, n'ayant de son côté aucun voisin, put ainsi parler à Ernestine sans crainte d'être entendu, tandis que madame de la Rochaiguë, afin de laisser plus de liberté à son protégé, s'éloigna quelque peu de mademoiselle de Beaumesnil et se rapprocha ainsi de madame de Senneterre.

Toutes deux alors paraissant complètement étrangères et indifférentes à la conversation de Gerald et d'Ernestine, leur donnèrent ainsi la plus grande facilité pour leur tête-à-tête.

Jusqu'alors, M. de Senneterre, quoiqu'il

eût paru prendre beaucoup sur lui, avait parlé avec une sorte d'assurance enjouée; mais lorsqu'il fut pour ainsi dire seul avec mademoiselle de Beaumesnil, ses traits, son accent, exprimèrent le plus sérieux et le plus touchant intérêt.

— Mademoiselle, — dit Gerald à l'orpheline d'un ton pénétré dont elle fut tout d'abord frappée, — quoique bien souffrant ce soir, j'ai voulu venir à cette fête... pour accomplir auprès de vous un devoir d'honnête homme.

A ces mots, un pressentiment d'une douceur ineffable épanouit le cœur de mademoiselle de Beaumesnil. Gerald ne voulait pas tromper Herminie; sans doute il allait lui apprendre, à elle, Ernestine, pourquoi il paraissait conserver des prétentions sur sa main.

— Mademoiselle, — reprit Gerald, — savez-vous comment l'on marie une héritière?

Et comme mademoiselle de Beaumesnil le regardait avec surprise, Gerald continua :

— Je vais vous l'apprendre, Mademoiselle, et puisse cet enseignement vous sauvegarder de bien des pièges... Une mère... ma mère, par exemple... la meilleure, la plus digne des femmes... cependant... apprend que *la plus riche héritière de France* est à marier... Ma mère, éblouie des avantages qu'une telle union peut m'apporter... ne s'inquiète en rien ni du caractère, ni de la personne de cette héritière... Elle ne l'a jamais vue, car la riche orpheline est encore en pays étranger... Il n'importe, il s'agit de m'assurer, s'il se peut... une fortune énorme... et, pour cela, tous les moyens sont bons... Ma mère, cédant à une aberration de l'amour maternel, court chez la tutrice de l'orpheline : là, il est entendu qu'à son arrivée, l'héritière, pauvre enfant de seize ans, faible, sans défense, ignorant les intrigues du monde, sera entourée, dominée, influencée, de telle sorte que son choix tombe presque infailliblement sur moi. Cette espèce d'odieux marché est conclu, tout est convenu... tout, Mademoiselle... jusqu'à la manière dont je lui serai présenté... *par hasard !...* tout... jusqu'au costume plus ou moins avantageux que je dois porter ce jour-là... C'est puéril, mais c'est triste ! Tout est conclu enfin... et je ne suis instruit de rien... Et l'héritière, encore à cent lieues de Paris, ne me connaît pas plus que je ne la connais !... Enfin elle arrive... Alors ma mère me fait part de ses projets, ne doutant pas que je n'accepte avec joie de courir la chance inespérée qui s'offrait à moi ! Pourtant... je refuse... d'abord, disant, ce qui était vrai, que je n'avais aucun goût pour le mariage, que je ferais sans doute un très mauvais mari... *Qu'importe,* — dit ma mère, — *épousez toujours : elle est si riche !*

Et à un mouvement d'Ernestine, Gerald ajouta :

— Et ma mère, cependant, est aussi honorée..... aussi honorable que personne. Mais si vous saviez la fatale influence de l'argent...

— Ma chère, — dit tout bas la duchesse de Senneterre à madame de la Rochaiguë, pendant que Gerald parlait ainsi à Ernestine... qui l'écoutait avec un bonheur croissant, — ma chère... entendez-vous quelque chose?...

— Non, — reprit tout aussi bas madame de la Rochaiguë, — mais il me semble que la petite écoute Gerald avec le plus grand intérêt; je viens de la regarder sans qu'elle me voie... Sa figure m'a semblé à la fois émue et radieuse.

— J'étais sûre de Gerald : lorsqu'il le

veut, il est irrésistible, — dit la duchesse ravie, — la petite est à nous!... et j'étais assez sotte pour me courroucer de ce que ce misérable Macreuse avait eu l'audace de l'inviter à danser.

— Je vous l'ai dit, Mademoiselle, d'abord je refusai de songer à ce mariage, — reprit Gerald... — et j'avais agi en honnête homme... Malheureusement les instances de ma mère, la crainte de la chagriner, l'impatience d'une rivalité odieuse, et que dis-je? peut-être même à mon insu l'appât de cette fortune immense... me firent dévier de la droiture de mon premier refus... alors, je me résolus de tâcher d'épouser cette héritière... au risque de la rendre la plus malheureuse des créatures... car un mariage basé sur la cupidité est toujours funeste.

— Eh bien! Monsieur, cette résolution, l'avez-vous poursuivie?

— L'entretien de deux amis, gens de cœur, m'a ouvert les yeux; j'ai vu que j'étais dans une voie mauvaise, indigne de moi et de ceux qui m'aimaient; seulement il a été convenu que, pour donner quelque satisfaction aux désirs de ma mère, je me rencontrerais avec cette riche héritière, et que si, en la voyant, en la connaissant, je l'aimais enfin comme j'eusse aimé une jeune fille sans fortune et sans nom, je pourrais à mon tour tenter de me faire distinguer par elle.

— Eh bien! Monsieur... cette héritière, l'avez-vous vue?

— Oui, Mademoiselle... mais alors il était trop tard.

— Trop tard?...

— Une affection aussi soudaine qu'honorable et sincère pour une personne qui la méritait, qui la mérite à tous égards... ne me permettait plus d'apprécier, ainsi qu'elle le méritait... j'en suis certain... la personne que ma mère désirait tant me faire épouser...

A cet aveu, rempli de loyauté et de délicatesse, car il ménageait l'amour-propre de mademoiselle de Beaumesnil, celle-ci ne put contenir un mouvement de joie profonde.

Gerald aimait Herminie comme elle était digne d'être aimée, et il donnait une nouvelle preuve de l'élévation de son caractère par la générosité même de sa conduite envers Ernestine.

Le joyeux tressaillement de l'orpheline n'avait pas échappé à l'observation attentive et intéressée de madame de la Rochaiguë ; elle dit tout bas à la duchesse de Senneterre :

— Cela va de mieux en mieux... regardez

donc mademoiselle de Beaumesnil, comme son teint est animé! ses yeux brillants!... sa figure enchantée!...

— En vérité, — dit la duchesse en s'avançant un peu pour regarder Ernestine, — cette pauvre petite devient presque jolie en écoutant Gerald.

— C'est le plus beau triomphe de l'amour, que de transfigurer l'objet que l'on séduit, ma chère duchesse, — répondit madame de la Rochaiguë en souriant; — je suis sûre que votre fils sera sensible à ce triomphe...

— Monsieur de Senneterre, — dit Ernestine à Gerald, — je vous remercie... de votre franchise... et de vos conseils... déjà plus justifiés peut-être que vous ne le pensez... mais quoique je sois trop heureuse de votre présence ici pour m'en étonner... cependant pourrai-je savoir?...

— Pourquoi, malgré ma résolution, je suis ici ce soir, Mademoiselle?... Eh! mon Dieu! parce que je voulais profiter de cette occasion... la seule peut-être qui pouvait me rapprocher de vous, et me permettre de vous entretenir avec quelque secret... Aussi, en laissant jusqu'à ce jour ma mère dans l'erreur, j'aurais pu peut-être vous mettre en garde contre bien des projets semblables à celui... dont j'ai failli un moment me rendre complice... et peu de gens seront, je le crains, aussi scrupuleux que moi. Votre tuteur et sa famille se prêteront à toutes les intrigues qui serviront leurs intérêts.... Quant à votre bonheur, à la sûreté de votre avenir, ils s'en soucient peu!... Cela est pénible, Mademoiselle, bien pénible, et il m'eût été doublement cruel de jeter dans votre cœur la défiance et l'alarme, si, en même temps, je n'avais pu vous signaler un cœur noble, élevé... un homme autant redouté des méchants et des lâches, qu'il est aimé des gens de bien!... En cet homme, Mademoiselle, ayez confiance!... toute confiance!... On l'a, je crois, calomnié à vos yeux....

— Vous voulez parler de M. de Maillefort?...

— Oui, Mademoiselle... Croyez-moi, vous

ne trouverez jamais d'ami plus sûr, plus dévoué!... Dans le doute, adressez-vous à lui... Il n'est pas d'esprit plus juste, plus pénétrant que le sien... Guidée par lui... vous serez sauvegardée de tous les pièges que l'on pourra vous tendre, et qui, peut-être, vous entourent déjà.

— Monsieur de Senneterre, je n'oublierai pas vos avis... Un sentiment de vive sympathie pour M. de Maillefort avait succédé chez moi à un éloignement dont je suis aux regrets, et que d'indignes calomnies avaient seules causé.

— Voici notre contredanse à son terme, Mademoiselle, — dit Gerald en tâchant de sourire, — j'ai profité de l'heureuse circonstance qui m'était offerte. Demain, quoiqu'il m'en coûte de chagriner ma mère... elle saura ma résolution.

Ernestine eut le cœur navré en songeant que le lendemain sans doute Gerald ferait à sa mère l'aveu de son amour pour Herminie.

Quel serait alors le courroux de madame de Senneterre ! Son fils préférer une orpheline sans nom, sans fortune, à *la plus riche héritière de France...*

Et quoiqu'elle ignorât la condition que l'orgueilleuse Herminie avait mise à son mariage avec Gerald, mademoiselle de Beaumesnil sentait de combien de difficultés était entourée cette union; aussi répondit-elle tristement à Gerald :

— Croyez bien, Monsieur de Senneterre qu'en retour du généreux intérêt que vous me témoignez, je fais les vœux les plus fervents...les plus sincères pour votre bonheur... et pour celui de la personne que vous aimez... Adieu, Monsieur de Senneterre ; j'espère un jour vous prouver combien j'ai été touchée de la générosité de votre conduite envers moi.

La contredanse étant terminée, plusieurs femmes revinrent prendre leurs places auprès de mademoiselle de Beaumesnil.

Gerald salua l'orpheline, et, se sentant

très souffrant et très fatigué, il se disposa à quitter le bal.

Madame de Senneterre enchantée des symptômes favorables qu'elle avait cru, ainsi que madame de la Rochaiguë, remarquer sur le visage d'Ernestine, dit tout bas à la baronne :

— Tâchez donc, ma chère, de savoir l'effet qu'a produit Gerald.

Madame de la Rochaiguë, se penchant alors à l'oreille de mademoiselle de Beaumesnil, lui dit :

— Eh bien ! ma chère belle, n'est-ce pas qu'il est charmant ?

— Oh! Madame, il est impossible d'être plus aimable, de montrer des sentiments plus délicats, plus élevés.

— Alors, ma chère belle, vous voilà *duchesse de Senneterre.* Cela ne dépend plus que de vous... voyons, dites-moi vite... un bon *oui!*

— Madame... vous m'embarrassez beaucoup, — répondit Ernestine en baissant les yeux.

— Bien... bien! je comprends, — reprit madame de la Rochaiguë enchantée, croyant qu'une chaste réserve empêchait seule Ernestine d'avouer tout d'abord qu'elle voulait épouser Gerald.

— Eh bien! ma chère, — dit Madame de Senneterre à la baronne, en la poussant légèrement du coude, il lui a tourné la tête, n'est-ce pas?

— Complètement, ma chère duchesse; mais donnez-moi votre bras, et allons vite retrouver M. de Senneterre pour lui annoncer... son succès.

—Ah!... enfin!... ce n'est pas sans peine!... nous la tenons... cette chère enfant! Voici Gerald le plus riche propriétaire de France... Quant à *nos petites conventions particulières*, ma chère baronne, — ajouta tout bas madame de Senneterre, — je n'ai pas besoin de vous dire avec quelle exactitude, avec quelle loyauté elles seront exécutées... Je n'en ai rien dit à mon fils... bien entendu! mais je réponds de lui!

— Ne parlons pas de cela, ma chère duchesse ; seulement comme Madame de Mirecourt a été vraiment parfaite... dans tout ceci... ne trouvez-vous pas qu'il serait de bon goût de lui...

— Mais c'est entendu, dit vivement Madame de Senneterre, en interrompant la baronne, — rien de plus juste... et nous en causerons... Allons vite retrouver Gerald, le voyez-vous?

—Non, ma chère duchesse; mais il est sans doute dans la galerie, venez!

Puis s'adressant à Ernestine, Madame de la Rochaiguë lui dit :

— Nous vous laissons seule un instant, ma chère belle... Nous allons tout simplement rendre quelqu'un fou de joie.

Et sans attendre la réponse d'Ernestine, Madame de la Rochaiguë donna son bras à Madame de Senneterre, et toutes deux se dirigèrent vers la galerie d'un pas assez précipité.

M. de Maillefort, qui semblait avoir épié le départ des deux femmes s'approcha de Mademoiselle de Beaumesnil qu'il salua, et usant du privilège de son âge, il prit auprès

de la jeune fille la place laissée vacante par
Madame de la Rochaiguë.

III

Lorsque M. de Maillefort fut assis auprès de mademoiselle de Beaumesnil, il lui dit en souriant:

— Vous n'avez donc plus peur de moi?

— Ah! Monsieur, — reprit Ernestine, — je suis bien heureuse de cette occasion qui me permet de vous remercier....

— De ma discrétion?... Elle est à toute épreuve, rassurez-vous... je vous donne ma parole... que personne n'a jamais su, ne saura jamais que je vous ai rencontrée chez la plus digne... chez la meilleure créature que je connaisse.

— N'est-ce pas, Monsieur?... Et pourtant, si je connais Herminie, c'est à vous que je le dois.

— A moi?

— Vous rappelez-vous, Monsieur, qu'un jour, devant mademoiselle Héléna... vous m'avez fait entendre des paroles... bien tristes... mais, hélas!... bien vraies?

— Pauvre enfant !... je voyais votre éloignement pour moi ; je ne pouvais me trouver seul avec vous. Il fallait bien... pendant que d'un autre côté je veillais sur vous... il fallait à tout prix vous ouvrir les yeux sur les misérables adulations dont vous pouviez devenir dupe... et victime !

— Eh bien ! Monsieur, vos paroles m'ont en effet ouvert les yeux ; j'ai vu que l'on me trompait... que j'étais sur le point peut-être de croire à tant de flatteries mensongères ; alors j'ai pris un parti désespéré, et, afin de savoir la vérité sur moi-même, je me suis entendue avec ma gouvernante, et, dans un petit bal donné par l'une de ses amies, elle m'a présentée comme une orpheline sans nom et sans fortune...

— Et dans cette réunion, vous avez rencontré Herminie. Elle me l'a dit... Je comprends tout maintenant.... Ainsi, vous avez voulu connaître ce que vous valiez par vous-même ?....

— Oui, Monsieur... Cette épreuve a été pénible... mais profitable... elle m'a appris, entre autres choses... à apprécier la valeur et la sincérité de l'empressement que l'on me témoigne ce soir.

Et comme le bossu, contenant à peine son émotion, regardait Ernestine en silence, profondément touché de la résolution de la jeune fille, elle lui dit timidement :

— Peut-être... vous me blâmez, Monsieur ?

— Vous blâmer !..., pauvre enfant !.. oh ! non !.. il n'y a de blâme que pour les gens dont l'indigne bassesse vous a réduite à cette résolution... que j'admire... car vous ne savez pas vous-même tout ce qu'il y a de courageux et d'élevé dans votre conduite.

Un homme d'un âge mûr, s'approchant du long canapé sur lequel M. de Maillefort était assis à côté d'Ernestine, et, s'appuyant sur le dossier du meuble, dit à demi-voix au bossu.

— Mon cher marquis, MM. de Morainville et d'Hauterive... sont à vos ordres... ils se tiennent là... dans l'embrasure de la porte.

— Très bien, mon cher, mille grâces de votre obligeance et de la leur... vous les avez prévenus ?

— De tout.

— Ils acceptent ?...

— C'est tout simple ! comment ne pas répondre à un tel appel ?

— A merveille ! répondit le marquis.

Et se tournant vers mademoiselle de Beaumesnil :

— Pour quelle contredanse M. de Mornand vous a-t-il invitée, Mademoiselle ?

— Pour celle que l'on va danser tout à l'heure, Messieur! — répondit Ernestine, fort surprise de cette question.

— Vous entendez, mon cher ami, — dit M. de Maillefort à la personne qui venait de lui donner les renseignements précédents... — c'est pour la contredanse prochaine.

— Très bien, mon cher marquis.

Et l'ami de M. de Maillefort, faisant un circuit pour aller rejoindre MM. de Morainville et d'Hauterive, leur parla à l'oreille, et tous deux firent un signe d'assentiment.

— Ma chère enfant, — reprit le marquis,

en s'adressant à mademoiselle de Beaumesnil, — sans en avoir eu trop l'air... je me suis, depuis quelque temps, très occupé de vous ; car il faut vous le dire... et quoique vous m'ayez peu vu dans votre enfance, chez votre pauvre mère... j'étais... de ses amis... de ses meilleurs amis.

— Ah ! Monsieur... j'aurais dû le deviner plus tôt... car on vous calomniait toujours auprès de moi.

— Cela devait être. Maintenant deux mots : M. de la Rochaiguë vous a souvent parlé de M. de Mornand comme prétendant, et vous a dit, n'est-ce pas, que vous ne pouviez faire un meilleur choix ?

— Oui, Monsieur.

— Pauvre enfant! — dit le marquis avec compassion, et il reprit :

— Mademoiselle Héléna, de son côté, la sainte, l'honnête personne qu'elle est, vous a tenu le même langage sur M. Célestin de Macreuse, autre honnête et saint personnage?

L'orpheline, remarquant le sourire amer et sardonique du marquis en parlant de l'honnêteté et de la sainteté du disciple de l'abbé Ledoux, dit au bossu :

— Vous avez peut-être, Monsieur, une mauvaise opinion de M. de Macreuse?

— Peut-être... Non, parbleu ! mon opinion est fort arrêtée.

— Cette méfiance du caractère de M. de Macreuse, Monsieur, je l'ai pressentie comme vous, — dit mademoiselle de Beaumesnil.

— Ah ! tant mieux, — reprit vivement le marquis... — de tous, ce misérable était celui qui m'inspirait le plus de craintes... tant je redoutais que vous ne fussiez dupe de sa fourbe et de son hypocrisie... mais, heureusement, ces gens-là inspirent parfois une aversion d'instinct à tout ce qui est bon et candide.

— Monsieur, rassurez-vous, — reprit Ernestine triomphante, — je peux, je dois vous détromper.

— Me détromper ?

— Au sujet de M. de Macreuse.

— Vous ?... et comment cela ?

— Parce que vos préventions ne sont pas fondées, Monsieur... M. de Macreuse est un homme loyal et sincère... jusqu'à la dureté.

— Mon enfant, vous m'effrayez beaucoup, — dit M. de Maillefort avec un tel accent d'alarme, que mademoiselle de Beaumesnil en fut interdite : — je vous en conjure, ne me cachez rien... — reprit le bossu. — Vous ne pouvez pas vous imaginer l'astuce diabolique et la perverse habileté de ces roués de sacristie... Je l'ai vu tromper des gens bien fins... jugez un peu de vous, ma pauvre innocente enfant !

Mademoiselle de Beaumesnil, frappée de l'inquiétude de M. de Maillefort, et ayant en lui toute confiance, lui raconta en peu de mots la cause et les diverses péripéties de son entretien avec le pieux jeune homme.

— Il vous aura devinée, mon enfant, — dit le bossu, après quelques instants de réflexion, — et, se voyant pris, il aura tenté avec une adresse infernale, la contre-partie de l'épreuve que vous vouliez faire sur lui...

je vous dis que ces gens-là m'épouvantent.

— Ah! mon Dieu! — dit l'orpheline terrifiée. — Est-il possible, Monsieur? Oh! non... non... une telle noirceur! et puis, si vous l'aviez vu... les larmes lui sont venues aux yeux lorsqu'il a parlé des cruels regrets que lui causaient la mort de sa mère.

— La mort de sa mère!... — reprit le marquis... — mais vous ne savez donc pas...

Puis, s'interrompant soudain, il ajouta :

— Le voici... Ah! c'est le ciel qui me l'envoie... Écoutez et jugez!... pauvre chère enfant!... Ah! votre cœur ne peut pas soupçonner les abominables artifices que la cupidité fait éclore en de pareilles âmes.

Élevant alors la voix de manière à être entendu de toutes les personnes dont il était avoisiné, le bossu, interpellant M. de Macreuse, qui à ce moment traversait le salon, afin d'observer mademoiselle de Beaumesnil, s'écria :

— Monsieur de Macreuse, un mot, s'il vous plaît !

Le protégé de l'abbé Ledoux hésita un moment à se rendre à cet appel ; car il exécrait et redoutait instinctivement le marquis ; mais, se voyant l'objet de tous les regards, et encouragé par le succès de sa ruse auprès d'Ernestine, il redressa la tête avec assurance, et s'approchant de M. de Maillefort, il lui répondit froidement :

— Vous m'avez fait l'honneur de m'adresser la parole, monsieur le marquis.

—Je vous ai fait cet honneur-là, Monsieur, — répondit le bossu de son air sardonique, en restant assis et en balançant négligemment sa jambe droite, qu'il tenait croisée sur son genou gauche, — et pourtant, Monsieur, — ajouta-t-il, — vous n'êtes pas du tout poli envers moi... que dis-je? envers moi, envers nous tous qui sommes ici, et qui avons l'honneur d'être de votre société.

A ces premières paroles, plusieurs personnes se groupèrent très curieusement autour des deux interlocuteurs, car l'esprit agressif et satirique du marquis était très connu.

— Je ne vous comprends pas, monsieur le marquis, — reprit M. de Macreuse, évidemment très contrarié, et pressentant quelque pénible explication, — je n'ai manqué d'égard ni à vous ni à personne, et...

— Monsieur, — dit le marquis de sa voix claire et mordante, — il paraît que vous avez eu l'inconvénient de perdre madame votre mère?

— Monsieur, — reprit M. de Macreuse, stupéfait à ces paroles.

— Serait-il indiscret, — reprit le marquis,

— de vous demander quand vous l'avez perdue, feue madame votre mère... si toutefois vous le savez?...

— Monsieur!... — répondit le jeune homme de bien en devenant pourpre et en balbutiant, — une pareille question...

— Une pareille question est toute naturelle, mon cher Monsieur, — reprit le marquis, — elle amène le reproche de manque d'égards dont je me plains au nom de toutes les personnes qui vous connaissent !

— Un manque d'égards?...

—Certainement ! pourquoi n'avez-vous pas fait part poliment, aux personnes de votre société, *de la perte douloureuse que vous aviez eu le malheur de...* etc., etc.

— Monsieur le marquis, — répondit le Macreuse en reprenant son sang-froid, — j'ignore ce que vous voulez dire.

— Allons donc! moi qui suis très dévot, comme chacun sait, je vous ai entendu l'autre jour, à Saint-Thomas-d'Aquin, prier un prêtre de dire des messes pour le repos de l'âme de feue madame votre mère.

— Mais, Monsieur...

— Mais, Monsieur... ce que je dis est si vrai, que vous vous êtes trouvé mal, de regrets et de douleur apparemment, en priant pour cette mère chérie à la chapelle de la Vierge, si bien que vos bons amis les bedeaux vous ont transporté évanoui, presque moribond... dans leur sacristie... audacieuse jonglerie de votre part, qui m'aurait fort diverti si elle ne m'eût pas révolté.

Un moment atterré par cette attaque, le protégé de l'abbé Ledoux retrouva son impudence et reprit avec onction :

— Tout le monde comprendra, Monsieur, que je ne puis ni ne dois répondre à une si inconcevable... à une si affligeante agression... le secret des prières est sacré...

— C'est vrai, — dirent plusieurs voix avec

indignation. — Ce M. de Maillefort ne respecte rien.

— Une pareille sortie est déplorable...

— Cela ne s'est jamais vu, etc., etc.

Nous l'avons dit, M. de Macreuse, comme tous les gens de son espèce, s'était créé de nombreux partisans; ces partisans avaient naturellement la plus grande antipathie pour M. de Maillefort, dont l'esprit caustique poursuivait impitoyablement ce qui était faux et lâche. Aussi un *crescendo* désapprobateur continua de succéder aux dures paroles du marquis.

— L'on n'a pas d'idée d'une scène aussi affligeante, — reprenaient les uns.

— C'est un scandale inouï.

— C'est d'une brutalité sans exemple.

Le marquis, sans se déconcerter le moins du monde, laissa passer cet orage, et le Macreuse, enhardi, rassuré, reprit alors avec effronterie :

— L'intérêt que tant de personnes honorables me témoignent, Monsieur... me dispense de prolonger cet entretien, et...

Mais le marquis l'interrompant, lui dit avec un accent d'écrasante autorité :

— Monsieur de Macreuse, vous avez menti impudemment !... Monsieur de Macreuse, vous n'avez pas perdu votre mère ! la *sainte personne* est vivante... très vivante... vous le savez bien, et votre *saint homme de père* aussi. Vous voyez que je suis suffisamment informé ; vous avez donc joué une comédie... infâme ! vous avez insulté à un sentiment que les plus misérables respectent encore, le sentiment filial !... Le but de toutes ces indignités, je le sais... Et si je me tais... c'est qu'il est des noms si respectables, que l'on ne doit pas même les prononcer à côté du vôtre... si vous en avez un...

A ces accablantes paroles du marquis, à la pâleur livide du Macreuse, à sa stupeur, qui prouvaient assez que le bossu disait vrai, les plus décidés partisans du pieux jeune homme n'osèrent pas prendre sa défense, et ceux qui avaient une aversion d'instinct contre le fondateur de l'*OEuvre de saint Polycarpe,* applaudirent fort aux paroles du marquis.

— Monsieur !... — reprit alors le Macreuse, effrayant de rage contenue, car il se voyait démasqué, — de telles offenses...

— Assez, Monsieur... assez ! Allez-vous-en au plus tôt d'ici !.. Votre vue soulève le cœur des honnêtes gens, et madame de Mirecourt me saura un gré infini de cette *exécution,* et, en vérité, elles sont trop rares, les exécutions. Il faudrait pourtant que, de temps à autre, dans le monde, justice fût faite de ces malfaiteurs de salon que l'on tolère. Et si répugnant que soit le rôle de *justicier,* puisque personne ne le remplit jamais, moi je m'en charge aujourd'hui, et je n'ai pas fini...

A ces derniers mots du bossu, le trouble et la confusion furent à leur comble.

Le pieux jeune homme, croyant à de nouvelles attaques contre lui, et trouvant *l'exécution* suffisante, se redressa, comme le reptile se redresse sous le pied qui l'écrase, et dit insolemment au marquis :

— Après de si grossiers outrages, Monsieur, je ne saurais rester un instant dans cette maison ; mais j'ose espérer que, malgré la différence de nos âges, Monsieur le marquis de Maillefort voudra bien accueillir demain une petite requête... que deux de mes amis lui porteront de ma part.

— Allez-vous-en, Monsieur !.. allez ! la nuit porte conseil !... et, en réfléchissant, vous reviendrez de vos prétentions batailleuses et par trop ridicules... Allez-vous-en donc !

— Soit, Monsieur !... Alors j'aurai recours à d'autres moyens pour paraître moins ridicule, — reprit le pieux jeune homme, en jetant un regard infernal au bossu, et en se retirant lentement au milieu de la stupeur universelle.

Madame de Mirecourt, maîtresse de la maison, se rappelant ce que madame de

Senneterre lui avait dit de M. de Macreuse, prit parfaitement son parti sur cette *exécution*; mais, pour mettre un terme à l'espèce de malaise et d'étonnement causés par cette scène étrange, elle pria plusieurs hommes de ses amis d'activer au plus tôt la contre-danse.

En effet, les danseurs commencèrent de se mettre en quête de leurs danseuses.

L'exécution de M. de Macreuse avait rempli mademoiselle de Beaumesnil de reconnaissance pour M. de Maillefort, et de terreur pour elle-même, en songeant qu'elle aurait pu céder à l'intérêt que M. de Macreuse lui avait d'abord inspiré, et épouser peut-être un homme capable d'une action infâme, d'une action qui révélait la perversité la plus profonde.

Au milieu de ces réflexions, l'orpheline vit revenir mesdames de Senneterre et de la Rochaiguë, qui, n'ayant pu, pendant quelques instants, pénétrer le cercle formé autour de M. de Maillefort et de M. de Macreuse, revenaient prendre leurs places auprès d'Ernestine.

Le marquis alors se leva, passa derrière le sopha, et, se penchant à l'oreille de madame de la Rochaiguë, lui dit :

— Eh bien ! Madame... je suis, je pense, un assez bon auxiliaire, et du *haut de mon observatoire*, comme je vous le disais, il y a quelque temps, je découvre pas mal de choses, et de vilaines choses.

— Mon cher marquis, je suis dans la stupeur, — répondit la baronne, — j'ai tout compris ! voilà donc pourquoi mon odieuse belle-sœur conduisait cette pauvre chère enfant tous les matins à Saint-Thomas-d'Aquin!... Avec son air stupide et sa dévotion, cette Héléna est une atroce créature... Quelle fausseté!... quelle trahison !...

— Vous n'êtes pas au bout, ma chère baronne... vous réchauffiez non-seulement une vipère dans votre maison, mais encore un honnête serpent.

— Un serpent?

— Énorme... avec des dents longues, de ça ! — dit le marquis, en indiquant du regard M. de la Rochaiguë, qui, debout dans l'embrasure d'une porte, montrait ses dents par désœuvrement.

— Comment! mon mari? — dit la baronne, — qu'est-ce que cela signifie?

— Vous allez le savoir!.. Voyez-vous ce gros homme qui s'avance vers nous d'un air si triomphant?

— Sans doute! c'est M. de Mornand.

— Il vient inviter votre pupille à danser.

— Peu importe... maintenant nous pouvons la laisser indifféremment danser avec tout le monde; car nous ne nous étions pas trompés... cette chère enfant trouve M. de Senneterre charmant, mon cher marquis!

— Je le crois bien!

— Ainsi la voilà duchesse de Senneterre — dit madame de la Rochaiguë triomphante, — et ce n'est pas sans peine.

— Duchesse de Senneterre! — reprit le bossu, — pas tout à fait!

— Sans doute, mon cher marquis, mais c'est décidé...

— Enfin, — dit le bossu en souriant finement, — vous êtes satisfaite de Gerald, de mademoiselle de Beaumesnil et de moi, n'est-ce pas, ma chère baronne ?...

— Ravie, mon cher marquis !

— C'est tout ce que je voulais !... Je reviens maintenant à mon gros homme et à votre serpent de mari, dont vous allez voir se dérouler les astucieux replis.

— Comment? M. de la Rochaiguë aurait osé...

— Ah! ma pauvre baronne, votre ingénuité me fend le cœur!... Regardez! écoutez!... et instruisez-vous! pauvre femme ingénue que vous êtes!

Le marquis prononçait ces derniers mots, lorsque M. de Mornand vint saluer mademoiselle de Beaumesnil, pour lui rappeler l'invitation qu'il lui avait faite.

IV

M. de Mornand, l'air satisfait, outrecuidant, s'inclina devant mademoiselle de Beaumesnil, et lui dit :

— Mademoiselle n'a pas oublié qu'elle m'avait promis cette contredanse ? Veut-elle bien me faire l'honneur d'accepter mon bras ?

— Ça ne se peut pas, monsieur de Mornand, — dit à demi-voix M. de Maillefort, toujours appuyé au dossier du canapé où était assise Ernestine.

M. de Mornand se redressa brusquement, aperçut le marquis, et lui demanda d'un ton hautain :

— Quoi, Monsieur ? Qu'est-ce qui ne se peut pas ?

— Vous ne pouvez pas danser avec mademoiselle de Beaumesnil, Monsieur, — reprit le bossu, toujours à demi-voix.

M. de Mornand haussa les épaules avec dédain, et, s'adressant à Ernestine :

— Veuillez, mademoiselle, me faire la grâce d'accepter mon bras.

Interdite, confuse, Ernestine se retourna vers M. de Maillefort, comme pour lui demander avis.

Le marquis répéta cette fois, d'une voix haute et grave, en appuyant sur les mots :

— Mademoiselle de Beaumesnil *ne peut pas... ne doit pas danser* avec M. de Mornand...

Ernestine fut si frappée de l'accent presque solennel de M. de Maillefort, qu'elle répondit à M. de Mornand, en baissant les yeux :

— Je vous prie.... Monsieur.... de m'excuser... mais je me sens trop fatiguée pour tenir la promesse que je vous ai faite...

M. de Mornand s'inclina poliment, sans mot dire, devant Ernestine ; mais en se relevant, il jeta un regard significatif au bossu.

Celui-ci répondit à ce regard, en montrant d'un coup-d'œil au danseur désappointé, une des portes de la galerie vers laquelle le bossu se dirigea, laissant mademoiselle de Beaumesnil dans une vive inquiétude.

Cette scène, à l'encontre de *l'exécution* de M. de Macreuse, avait passé inaperçue ; les quelques mots échangés entre le marquis et M. de Mornand ayant été prononcés presque à voix basse, et cela au milieu de l'agitation qui accompagne toujours la *mise en places* d'une contredanse.

Ainsi, à l'exception de mademoiselle de Beaumesnil, de mesdames de Senneterre et de la Rochaiguë, voisines d'Ernestine, personne dans le bal ne se doutait de ces préliminaires à une nouvelle exécution.

M. de Mornand, en allant rejoindre le bossu dans la galerie, fut successivemen accosté par M. de la Rochaiguë et par M. de Ravil, qui, de l'embrasure d'une porte, avaient suivi avec inquiétude et sans les comprendre, les péripéties de l'incident soulevé par M. de Maillefort.

— Eh bien! — dit de Ravil à M. de Mornand, — comment tu ne danses pas?

— Que s'est-il donc passé, mon cher monsieur de Mornand? — reprit à son tour le baron; — il m'a semblé vous voir parler à ce maudit bossu, dont l'audace et l'insolence passent réellement tous les termes.

— En effet, monsieur, — répondit le futur ministre, le visage contracté, — M. de Maillefort se croit tout permis! Il faut qu'une telle insolence ait un terme!... il a osé défendre à votre pupille de danser avec moi...

— Et elle a obéi? — s'écria le baron...

— Que vouliez-vous que fît cette pauvre demoiselle après une injonction pareille!

— Mais c'est intolérable!... inqualifiable...

incroyable... — s'écria le baron, — je vais trouver ma pupille, et...

— C'est inutile, monsieur, quant à présent... — dit M. de Mornand.

Et s'adressant à de Ravil :

— Viens-tu ? il faut absolument que j'aie une explication avec M. de Maillefort... il m'attend là-bas !

— Et moi, mon cher comte, — dit le baron, — je ne vous quitte pas !

Lorsque ces trois personnages s'approchèrent du bossu, ils virent auprès de lui

MM. de Morainville et d'Hauterive, et cinq ou six autres personnes rassemblées à dessein par le marquis.

— Monsieur de Maillefort, — lui dit M. de Mornand d'un ton fort poli, — j'aurais quelques mots d'explication à vous demander...

— Je suis à vos ordres, Monsieur.

— Alors, Monsieur, si vous le voulez bien, nous irons dans le salon de tableaux; priez un de vos amis de vous accompagner...

— Non pas, Monsieur... je tiens à ce que notre explication ait autant de retentissement que possible.

— Monsieur...

— Je ne vois pas pourquoi vous craindriez une publicité que je provoque.

— Eh bien ! soit ! — reprit M. de Mornand, — je vous demanderai donc devant ces Messieurs, pourquoi, tout-à-l'heure, au moment où j'avais l'honneur d'inviter mademoiselle de Beaumesnil à danser, vous vous êtes permis, Monsieur, de dire à cette jeune personne : *Mademoiselle de Beaumesnil ne peut pas, ne doit pas danser avec M. de Mornand...* Ce sont vos propres paroles, Monsieur.

— Telles sont, en effet, mes paroles, Monsieur; vous avez une excellente mémoire, j'espère que, tout-à-l'heure, elle ne vous fera pas défaut.

— Et moi, je ferai observer à monsieur de Maillefort, — reprit le baron, — qu'il s'arroge un droit... une autorité... une surveillance qui m'appartient exclusivement, car en disant à ma pupille que...

— Mon cher baron, — reprit le marquis en souriant et en interrompant M. de la Rochaiguë, — vous êtes *le modèle*, *l'exemple*, *la merveille* des tuteurs passés, présents et futurs... Je vous prouverai cela plus tard ; mais permettez-moi de répondre à M. de Mornand, que j'avais l'honneur de féliciter sur sa mémoire, et de lui demander s'il se souvient qu'au dernier *bal de jour* de madame la duchesse de Senneterre, je lui ai dit, à lui, M. de Mornand, au sujet d'un insignifiant coup d'épée, que cette égratignure était une sorte de *memento* destiné à fixer dans son esprit la date d'un jour que, plus tard peut-être, j'aurais intérêt à lui rappeler?

— Cela est vrai, Monsieur, — dit M. de Mornand; — mais cette rencontre n'a pas le moindre rapport avec l'explication que je viens vous demander.

— Au contraire, Monsieur... cette explication est la conséquence naturelle de cette rencontre.

— Parlez clairement, Monsieur.

— Je vais être très clair. A ce bal, chez madame de Senneterre, dans le jardin, à gauche, sous un massif de lilas, en présence de plusieurs personnes et notamment de MM. de Morainville et d'Hauterive que voici, vous vous êtes permis, Monsieur, de calomnier de la manière la plus outrageante madame la comtesse de Beaumesnil...

— Monsieur !

— Sans respect, sans pitié pour une malheureuse femme, alors à l'agonie, — reprit le bossu indigné, en interrompant M. de Mornand, — vous l'avez lâchement insultée, et vous avez osé dire : *qu'un galant homme n'épouserait jamais la fille d'une femme aussi tarée que madame de Beaumesnil.*

Et à un mouvement de M. de Mornand, qui pâlit de rage, le marquis, s'adressant à MM. de Morainville et d'Hauterive :

— Messieurs, est-ce vrai ?... M. de Mornand a-t-il dit cela devant vous ?

— M. de Mornand l'a dit en effet devant nous, — reprirent-ils, — il nous est impossible de nier la vérité !

— Et c'est alors que moi-même, qui vous entendais sans vous voir, Monsieur, — reprit le bossu, — c'est alors qu'emporté par l'indignation, je n'ai pu m'empêcher de crier : *Misérable !*

— Ah ! c'était vous, Monsieur, — dit M. de

Mornand, furieux de voir ce coup morte porté à ses cupides espérances.

— Oui, c'était moi... et voilà pourquoi j'ai dit tout-à-l'heure à mademoiselle de Beaumesnil qu'elle *ne pouvait pas*... qu'elle *ne devait pas* danser avec vous, Monsieur, qui avez publiquement diffamé sa mère! Or, je demande à tous ceux qui nous écoutent, si j'ai tort ou raison d'avoir agi ainsi?

Un silence accablant pour M. de Mornand succéda aux derniers mots du bossu.

De Ravil, seul, prit la parole, et dit d'un air ironique :

— Ainsi, M. le marquis de Maillefort se

posait en paladin, en chevalier courtois, donnait un coup d'épée à un galant homme, en manière de *memento*, le tout pour l'empêcher un jour de danser une contredanse avec mademoiselle de Beaumesnil?...

— Le tout pour empêcher M. de Mornand *d'épouser* mademoiselle de Beaumesnil, Monsieur! car votre ami est aussi cupide que mademoiselle de Beaumesnil est riche, ce qui n'est pas peu dire, et, dans la conversation même que j'ai surprise pendant le bal de madame de Senneterre, les vues de M. de Mornand se trahissaient déjà... en diffamant madame de Beaumesnil, en faisant retomber les suites de ces diffamations jusque sur sa fille, et même sur celui qui serait tenté de l'épouser, M. de Mornand espérait éloigner les concurrents... Cette infamie m'a révolté... De là, le mot de *misérable* échappé à mon indignation... de là, un prétexte trouvé par moi pour offrir à M. de Mornand la réparation qui, après tout, lui était due... de là, le coup d'épée en manière de *memento*... de là, enfin, ma résolution d'empêcher M. de Mornand d'épouser mademoiselle de Beaumesnil, et j'ai réussi... car je le défie maintenant d'oser paraître devant *la plus riche héritière de France*... prononçât-il encore vingt discours philantropiques sur la pêche de la morue ! se présentât-il même sous votre patronage, baron... l'exemple, le modèle, la merveille des tuteurs, vous qui vouliez sacrifier l'avenir de votre pupille à votre ridicule ambition.

Une morne stupeur accueillit les paroles du bossu, qui reprit :

— Pardieu ! Messieurs, ces vilenies se reproduisent si souvent dans le monde, qu'il sera d'un bon exemple de les flétrir une fois !... Comment ! parce que ces choses honteuses se passent, ainsi qu'on dit, entre *gens de bonne compagnie*, elles seront impunies ?... Comment ! il y aura une sellette, une prison pour de pauvres diables d'escrocs qui auront subtilisé quelques louis au jeu avec de fausses cartes ; et il n'y aura pas un pilori pour y clouer des gens qui, à force de faux semblants, de bas mensonges, tentent de subtiliser une fortune énorme, et complotent froidement les moyens d'enchaîner à jamais à eux, une pauvre innocente enfant, dont le seul tort est d'avoir une fortune immense et d'allumer, à son insu, les plus détestables cupidités?... Et lorsque ces gens-là réussissent, on les accueille, on les loue, on les envie, on vante leur adresse... on s'extasie sur leur bonne fortune!... Oui... car, grâce à ces biens qu'ils ont acquis par des moyens indignes, ils vivent magnifiquement, entretiennent des maîtresses, et font un pont d'or à leur ambition... La malheureuse femme qui les a enrichis et qu'ils ont trompée, verse des larmes de désespoir, ou se jette dans le désordre pour s'étourdir!... Pardieu! Messieurs, j'aurai du moins le bonheur d'avoir fait justice de deux de ces ignobles intrigues, car M. de Macreuse, que j'ai chassé tout-à-l'heure d'ici, avait les mêmes visées que

M. de Mornand !... Vous le voyez... les honnêtes esprits se rencontrent !

— Tu es joué comme un sot que tu es et c'est bien fait... — dit tout bas de Ravil à l'oreille de son ami qui restait accablé. — De ma vie... je ne te pardonnerai de m'avoir fait perdre la prime sur la dot.

Les sentiments justes, élevés, généreux, ont parfois une telle autorité, qu'après les véhémentes paroles du bossu, M. de Mornand se vit généralement réprouvé... Aucune voix ne s'éleva pour le défendre ; heureusement la contredanse finissant amena un mouvement dans les salons et dans la galerie, qui permit au futur ministre de se perdre dans la foule, pâle, éperdu, n'ayant pu trouver un mot à répondre aux accablantes accusations de M. de Maillefort.

Celui-ci rejoignit alors madame de la Rochaigue, qui n'avait pas encore été instruite, non plus qu'Ernestine, de cette dernière exécution.

— Maintenant, — dit M. de Maillefort à la baronne, — il faut absolument que vous emmeniez mademoiselle de Beaumesnil; sa présence ici n'est plus convenable.

— Oui, ma chère enfant, — ajouta le marquis, en s'adressant à mademoiselle de Beaumesnil, — l'insupportable curiosité que vous excitez s'augmenterait encore. Demain, je vous dirai tout! Croyez-moi, suivez mon conseil! quittez ce bal...

— Oh! de grand cœur, Monsieur, — répondit Ernestine, — car je suis au supplice.

Et la jeune fille se leva, prit le bras de madame de la Rochaiguë, qui dit au bossu avec un accent de vive reconnaissance :

— Je comprends tout, mon cher marquis ; M. de Mornand était aussi sur les rangs?

— Nous causerons de tout cela demain ; mais, en grâce, emmenez mademoiselle de Beaumesnil à l'instant même.

— Ah! vous êtes notre Providence, mon cher marquis, — lui dit tout bas madame de la Rochaiguë, — combien j'ai eu raison de me confier à vous!

— Certainement; mais, de grâce, emmenez mademoiselle de Beaumesnil.

L'orpheline jeta un regard de reconnaissance sur le bossu, et, troublée, presque effrayée des divers incidents de cette soirée, elle sortit du bal avec madame de la Rochaiguë, tandis que M. de Maillefort resta chez madame de Mirecourt, ne voulant pas paraître quitter cette maison à la faveur de l'espèce de stupeur que sa loyale et courageuse résolution avait causée.

Le de Ravil, en vrai cynique, dès qu'il avait vu la ruine des espérances de son ami Mornand, s'était empressé de l'accabler et de l'abandonner. Le futur ministre s'était jeté dans un fiacre, tandis que de Ravil s'en allait pédestrement, rêvant à ce qui venait de se passer, et comparant la double déconvenue de M. de Mornand et M. de Macreuse.

En tournant le coin de la rue où était situé l'hôtel de madame de Mirecourt, de Ravil aperçut, à la clarté de la lune, alors d'une sérénité superbe, un homme qui marchait, tantôt lentement, tantôt avec une précipitation fiévreuse.

L'agitation, la démarche de cet homme attirèrent l'attention du cynique. Il doubla le pas, et reconnut M. de Macreuse, qu'une sorte de charme fatal retenait auprès de la maison où était resté le marquis, dont il eût dévoré le cœur, si vouloir... eût été pouvoir.

Cédant à une inspiration diabolique, le de Ravil s'approcha du Macreuse, et lui dit :

— Bonsoir, monsieur de Macreuse.

Le protégé de l'abbé Ledoux releva la tête ; l'exaltation des plus mauvaises passions se lisait si visiblement sur cette physionomie livide, que de Ravil se félicita doublement de son idée.

— Que voulez-vous, Monsieur ? — dit

brusquement Macreuse à de Ravil, qu'il ne reconnut pas d'abord.

Puis, l'ayant plus attentivement regardé, il reprit :

— Ah ! c'est vous, Monsieur de Ravil ?..... pardon !

Et il fit le geste de continuer son chemin, mais de Ravil l'arrêtant :

— Monsieur de Macreuse, je crois que nous sommes faits pour nous entendre et pour nous servir.

— Nous entendre !... sur quoi, Monsieur.

— Nous avons la même haine : c'est déjà quelque chose.

— Quelle haine ?

— M. de Maillefort !

— Vous aussi ? vous le haïssez ?

— A la mort !

— Eh bien ! ensuite, Monsieur ?

— Eh bien ! ayant la même haine, nous pouvons avoir le même intérêt...

— Je ne vous comprends pas, monsieur de Ravil.

— Monsieur de Macreuse, vous êtes un homme beaucoup trop supérieur, beaucoup trop avancé pour vous laisser décourager par un échec.

— Quel échec, Monsieur ?

— Allons, il me faut vous mettre en confiance : j'avais un imbécile ami, c'est vous nommer M. de Mornand, qui poursuivait la même héritière que vous...

— M. de Mornand ?

— Il avait cet honneur-là... Malheureusement, peu d'instants après votre départ, cet abominable marquis l'a traité comme il vous a traité... C'est dire qu'il a rendu impossible le mariage de la petite Beaumesnil avec mon imbécile ami. Delà ma haine contre le marquis !

— Mais que vous importait, monsieur, que cette héritière épousât ou non votre ami ?...

— Diable ! mais il m'importait beaucoup ! je m'étais entremis dans l'affaire... j'avais servi de Mornand moyennant une prime promise sur la dot... Donc le maudit bossu m'a ruiné en ruinant Mornand. Comprenez-vous ?

— Fort bien !...

Mornand est trop mou, trop veule, trop *gras* en un mot, pour tâcher de se relever de cet échec, où du moins pour chercher à se consoler par une vengeance...

— Une vengeance?... contre qui?

— Contre cette petite pécore d'héritière, et incidemment, contre cet affreux boss... Mais je me hâte de vous dire que je ne suis pas de ces farouches butors qui donnent dans le creux d'une vengeance stérile... Je n'admets, moi, qu'une vengeance fructueuse...

— Fructueuse?

— Productive!... très productive!... si vous le préférez... et de cette vengeance je pourrais fournir les éléments.

— Vous! et lesquels?

— Permettez! Je possède un secret très important...

— Sur mademoiselle de Beaumesnil?

— Sur elle-même!... Ce secret, je pourrais l'exploiter seul, très productivement, je crois.

— Et vous venez m'offrir...

— De partager!... non pas!... vous me prendreiz pour un niais, et vous n'aimez pas les niais.

— Alors, monsieur, à quoi bon?...

— Vous n'avez pas entamé une aussi *grosse affaire*, comme dit mon imbécile d'ami (qui est un homme politique, s'il vous plaît), vous n'avez pas entamé une aussi grosse affaire que votre mariage avec *la plus riche héritière de France*, sans appui, sans entre-gens,... sans probabilités de réussite... On ne fait pas de ces fautes-là, quand on a fondé l'*OEuvre de Saint-Policarpe* (fondation qui, par parenthèse, m'a prouvé que vous étiez *très fort*, et vous a, dès longtemps, acquis ma sympathie) en un mot, je vous le répète, vous êtes trop *nerveux* pour subir humblement un échec outrageant. Vous avez peut-être des moyens de vous relever de là, d'arriver à votre but par d'autres voies, et tant que la petite Beaumesnil n'est pas mariée, un homme comme vous espère!

— Eh bien! soit! monsieur, supposez que j'espère encore?

— Ceci admis, je vous proposerai de mettre en commun vos nouveaux moyens de réussir... et mon secret... Si vos espérances se réalisent, nous ne tirerons pas parti de mon secret;... si elles ne se réalisent pas, mon secret nous restera,... comme une onctueuse poire pour la soif... En un mot, si vous épousez, vous me donnerez une prime sur la dot... si vous n'épousez pas, je vous donne une prime sur les bénéfices que me procurera mon secret, si tant est que ledit secret ne puisse pas servir vos nouvelles tentatives... comme j'en ai la certitude... et notez que je ne parle que pour mémoire de certaines influences sur mademoiselle de Beaumesnil, influences engourdies... mais qui pourraient être réveillées...

— Tout ceci mérite attention, monsieur, — reprit le Macreuse, après un moment de réflexion, car il commençait à croire, ainsi que le lui avait dit de Ravil : — que tous deux étaient faits pour se comprendre. — Mais encore, ajouta-t-il, faudrait-il savoir quel est ce secret... quelles sont ces influences ?...

— Donnez-moi le bras, mon cher monsieur de Macreuse, je vais vous parler à cœur ouvert, car je n'ai aucun intérêt à vous tromper, ainsi que vous l'allez voir...

Et ces deux hommes s'éloignèrent et disparurent bientôt dans l'ombre que projetait une haute maison sur l'un des côtés de la rue...

V

Mademoiselle de Beaumesnil avait promis à Herminie d'aller la voir le vendredi matin, le lendemain du jour où *la plus riche héritière de France* avait assisté au bal de madame de Mirecourt, et où MM. de Macreuse et de Mornand avaient été *exécutés* par M. de Maillefort.

Mademoiselle de Beaumesnil était sortie

de ce bal aussi profondément attristée qu'effrayée des découvertes qu'elle avait faites au sujet de ses prétendants, odieuses révélations, complétées par les loyaux aveux de Gerald sur la façon dont on *mariait une héritière*...

Éprouvant autant de mépris que d'aversion pour son tuteur et pour sa famille, la jeune fille sentait la nécessité de prendre un parti décisif, ses relations avec les la Rochaiguë devant être intolérables. Il lui fallait donc chercher en dehors de cette famille, de sages conseils, un appui certain.

Ernestine ne voyait que deux personnes en qui placer sa confiance : Herminie et M. de Maillefort.

Mais, pour s'ouvrir à Herminie, il fallait que mademoiselle de Beaumesnil lui avouât qui elle était réellement ; et, cette révélation, elle se promit de la faire bientôt à son amie, voulant cependant, une fois encore, jouir du bonheur inappréciable de recevoir de nouveau ces témoignages de tendre amitié que *la duchesse* croyait adresser à Ernestine, orpheline et vivant de son travail.

— « Pourvu qu'elle m'aime autant, lors-
« qu'elle saura que je suis si riche, pensait
« l'héritière avec anxiété, — pourvu qu'à
« cette découverte, la délicatesse et la fierté
« du caractère d'Herminie, ne refroidissent
« pas son amitié pour moi ! »

Fidèle à sa promesse, et tout heureuse de

savoir combien Gerald était digne de l'amour d'Herminie, mademoiselle de Beaumesnil, accompagnée de madame Lainé, qui l'attendit comme d'habitude, se rendit donc le vendredi matin chez *la duchesse.*

Il est inutile de dire que, le lendemain de l'*exécution* de M. de Macreuse, mademoiselle Héléna ne s'était pas présentée pour accompagner à la messe la pupille du baron.

En songeant à sa prochaine entrevue avec Herminie, Ernestine se sentait néanmoins attristée.

Bien qu'elle connût la noblesse des intentions de Gerald, et que, depuis son entretien avec lui, pendant la soirée de la veille, elle se fût assurée qu'il aimait passionnément Herminie, mademoiselle de Beaumesnil pressentait les difficultés sans nombre dont devait être traversé le mariage du jeune duc et de la pauvre maîtresse de piano.

Telles étaient les préoccupations d'Ernestine, lorsqu'elle arriva chez son amie; celle-ci courut à elle, l'embrassa tendrement et lui dit :

— Ah!... j'étais bien sûre que vous n'oublieriez pas votre promesse, Ernestine... Ne vous avais-je pas dit que votre présence me serait douce et consolante?

Puisse-t-elle l'être, en effet, ma bonne

Herminie... Avez-vous un peu repris courage ? avez-vous quelque espoir ?

La duchesse secoua mélancoliquement la tête et reprit :

— Je puis heureusement, à cette heure, oublier mes chagrins... N'en parlons pas, Ernestine ; plus tard nous y reviendrons... lorsque, hélas ! je n'aurai plus rien pour m'en distraire.

— De quelle distraction voulez-vous donc parler ?

— Il s'agit de vous, Ernestine.

— De moi ?

— Oui... il est question d'une chose qui pourrait avoir peut-être une heureuse influence sur votre avenir, pauvre chère petite orpheline.

— Que voulez-vous dire, Herminie?

Ce n'est pas moi qui vous expliquerai ce mystère. L'on m'avait priée d'être auprès de vous l'interprète de certains projets ; mais, craignant de vous influencer par la manière dont je vous les présenterais... j'ai refusé, voulant que votre décision vînt absolument de vous, quitte ensuite à vous dire mon avis... si vous me le demandez.

— Mon Dieu! Herminie, ce que vous me

dites là me surprend de plus en plus. Quels sont donc ces projets?

— La dernière fois que nous nous sommes vues... pendant que M. le commandant Bernard vous exprimait encore sa reconnaissance... M. Olivier m'a priée de le recevoir le lendemain, pour une communication très importante, m'a-t-il dit... Je l'ai reçu... cela était grave... en effet... aussi me pria-t-il d'être son interprète auprès de vous... mais je n'ai pas voulu me charger de cette démarche, Ernestine, pour les motifs que je vous ai dits.

— Ah!... c'est de M. Olivier qu'il s'agit?

— Oui... et j'ai cru qu'il valait mieux qu'il

vous parlât lui-même en ma présence... si toutefois vous y consentez...

— Ainsi, ma bonne Herminie... vous me conseillez d'entendre M. Olivier?

— Je vous le conseille, Ernestine, parce que, quoi qu'il arrive et que vous décidiez... vous serez, je n'en doute pas, heureuse et fière de l'avoir entendu.

— Alors, Herminie... je verrai M. Olivier... mais quand cela?

— Aujourd'hui... à l'instant, si vous le désirez.

— Où est-il donc?

— Là... dans le jardin... Comptant sur votre visite de ce matin... je lui ai dit : venez vendredi, monsieur Olivier... vous attendrez quelques instants en vous promenant; si Ernestine consent à vous voir, je vous enverrai chercher.

— Eh bien! Herminie, ayez la bonté de faire prévenir M. Olivier que je ne demande pas mieux que de le voir.

Un instant après, Olivier Raimond était introduit et annoncé par madame Moufflon, la portière.

— Monsieur Olivier, — dit Herminie, — Ernestine est prête à vous entendre... vous savez mon amitié pour elle... vous savez aussi mon estime pour vous ; ma présence à cet entretien ne vous étonnera donc pas...

— Votre présence... je la désirais, Mademoiselle Herminie... car j'aurai peut-être à en appeler à vos souvenirs.

S'adressant alors à mademoiselle de Beaumesnil, Olivier, sans cacher une vive émotion reprit d'un ton pénétré :

— Mademoiselle... il me faut une entière confiance dans la droiture de mes intentions pour hasarder la démarche peut-être étrange que je tente auprès de vous...

— Je suis certaine d'avance... Monsieur

Olivier... que cette démarche est digne de vous, de moi... et de l'amie qui nous écoute.

— Je le crois... Mademoiselle... je vais donc vous parler... en toute sincérité... car vous vous souvenez peut-être... qu'une fois déjà vous m'avez su gré de ma franchise...

— J'en ai été on ne peut plus touchée, Monsieur Olivier. Herminie pourra vous en assurer.

— Mademoiselle Herminie pourra témoigner aussi du vif intérêt... que vous m'avez inspiré... Mademoiselle... Je ne dirai pas lors de la contredanse de *charité*, — ajouta Olivier en souriant doucement, — mais en suite de l'entretien que j'ai eu avec vous ce soir-là.

— En effet, ma chère Ernestine, après votre départ, M. Olivier m'a paru très touché du mélange de mélancolie, de franchise, de gracieuse originalité qu'il avait trouvé dans votre conversation... son intérêt a surtout redoublé, lorsque je lui ai eu dit... sans commettre, je l'espère, d'indiscrétion... que je ne vous croyais pas heureuse...

— La vérité... n'est jamais indiscrète... ma bonne Herminie... si l'on doit cacher son infortune aux indifférents... on s'en console presque en l'avouant à ses amis.

— Alors... Mademoiselle, — reprit Olivier,

— vous comprendrez peut-être, qu'en raison de toutes ces circonstances... notre première entrevue m'ait causé... je ne vous dirai pas, une de ces émotions violentes, soudaines, que l'on éprouve quelquefois... je mentirais... mais une émotion pleine de douceur et mêlée de sollicitude pour votre sort... sollicitude que le souvenir et la réflexion ont rendue plus tard de plus en plus vive... Tels étaient mes sentiments, Mademoiselle... lorsque... vous avez, au péril de votre vie... sauvé un homme que j'aime comme mon père... Vous dire, Mademoiselle... ce que j'ai ressenti, lorsqu'à ce que j'éprouvais déjà pour vous, se sont jointes la reconnaissance, l'admiration que méritait votre généreux dévoûment... Vous dire... ce que j'ai alors ressenti... jamais je ne l'aurais osé... peut-être... sans la fortune inattendue... qui m'est arrivée.

Puis s'arrêtant un instant, comme s'il eût hésité à continuer, Olivier reprit :

— C'est à cette heure, Mademoiselle, que j'ai besoin de me rappeler... et de vous rappeler à vous-même que vous aimez, avant tout, la sincérité...

— Oui, Monsieur Olivier, j'aime avant tout la sincérité...

— Eh bien ! Mademoiselle... franchement : vous n'êtes pas heureuse, vous n'avez pas à vous louer des personnes qui vous entourent, n'est-ce pas?

— Hélas ! non, Monsieur Olivier... le seul bonheur que j'aie connu depuis la mort de mon père et de ma mère... date du jour de ma présentation chez madame Herbaut.

— Je ne voudrais pas vous attrister, Mademoiselle, — poursuivit Olivier avec un accent rempli de bonté, — je ne voudrais pas vous rappeler ce qu'il y a de pénible, de précaire, dans une condition dépendant absolument d'un travail souvent incertain, parfois insuffisant, et cependant, Mademoiselle, quelque laborieuse que vous soyez, quelque foi que vous ayez dans votre courage, il ne faut pas oublier que vous êtes orpheline... entourée sans doute de cœurs égoïstes, durs, qui, au jour... du besoin... de la maladie... vous délaisseraient peut-être, ou vous témoigneraient une humiliante pitié, plus cruelle encore que l'abandon...

— Ah !... vous ne vous trompez pas, monsieur... Olivier ! dureté, mépris, abandon !... voilà ce que j'aurais à attendre des personnes dont je suis entourée, si demain... je tombais dans la misère...

— Vous... exposée au mépris... aux duretés... — s'écria Olivier. — Oh ! jamais !

Et une émotion touchante attrista son noble et gracieux visage.

— Vous... Mademoiselle... — reprit-il. — Vous... ainsi traitée... non... non, cela ne peut pas être... cela ne sera pas... Je sais bien... que vous devez compter sur la tendre amitié de mademoiselle Herminie... mais entre honnêtes et pauvres gens comme nous... l'on ne doit point s'abuser. Mademoiselle Herminie peut un jour... avoir à son tour besoin de vous... Et d'ailleurs deux appuis valent mieux qu'un... Aussi, l'un de ces appuis, je me permettrais de vous l'offrir, si vous aviez en moi... autant de confiance... que j'ai pour vous de profonde et respectueuse affection.

— Monsieur, — dit Ernestine en tressaillant et en baissant les yeux... je ne sais... si je dois...

— Tenez, Mademoiselle, si j'étais encore soldat... car être soldat ou sous-officier, c'est tout un... je ne vous parlerais pas ainsi, j'aurais tâché d'oublier... non ma reconnaissance... mais le sentiment qui me la rend doublement chère... Y serais-je parvenu?... Je ne sais... mais aujourd'hui... je suis officier... c'est pour moi une fortune... Et cette fortune... laissez-moi vous l'offrir.

— A moi... Monsieur, un sort si au-dessus de mes espérances! — dit Ernestine en contenant à peine la joie ineffable que lui causait la proposition d'Olivier; — à moi pauvre orpheline qui vis de mon travail...

— Ah! Mademoiselle... si j'étais assez heureux pour que vous acceptiez cette offre... loin d'acquitter une dette sacrée, j'en contracterais une autre envers vous... car je vous devrais le bonheur de ma vie ; mais cette dette là, du moins, je serais certain de la payer à force de dévoûment et d'amour... Oui, pourquoi... ne pas le dire, le dire bien haut ? il n'est pas d'amour plus profond... plus honorable que le mien ; il n'est pas de causes plus généreuses... plus saintes que celles qui me l'ont mis au cœur...

A ces mots, prononcés par Olivier avec un accent de conviction, de sincérité irrésistible, mademoiselle de Beaumesnil, dont le trouble avait toujours été croissant, éprouva un sentiment délicieux, jusqu'alors inconnu pour elle ; une vive rougeur couvrit son front et son cou, lorsque, par deux fois, elle jeta les yeux sur le noble et gracieux visage d'Olivier, alors rayonnant de loyauté, d'amour et d'espoir...

Aussi Ernestine ne s'était pas trompée sur la signification du regard d'Olivier, alors qu'il avait appris devant elle sa nomination au grade d'officier...

La jeune fille se voyait... se sentait aimée... ardemment aimée... puis, bonheur inappréciable... telles étaient l'évidence, la noblesse des causes de cet amour, qu'elle ne pouvait douter de sa réalité.

Et croire à un tel amour, comprendre, apprécier tout ce qu'il a d'élevé, de tendre, de charmant, n'est-ce pas le partager, surtout lorsque, comme mademoiselle de Beaumesnil, l'on a vécu au milieu des appréhensions d'une défiance si cruellement justifiée par les évènements... d'une défiance... qui menaçait de flétrir tous les projets que la triste héritière pouvait former pour son avenir ?

Aussi, pour elle, quelle joie ineffable de se dire :

« C'est moi... la pauvre orpheline sans
« nom, sans fortune, que l'on aime... parce
« que je me suis montrée sincère, vaillante
« et généreuse.

« Et je suis si véritablement aimée... que
« l'on m'offre un mariage inespéré, car il
« m'assure l'aisance, une position honora-

« ble et honorée à moi, que l'on croit desti-
« née à vivre dans la gêne, presque dans la
« misère. »

Mademoiselle de Beaumesnil, confuse, heureuse, agitée de mille sensations nouvelles, rougissant et souriant à la fois, prit la main d'Herminie, auprès de qui elle était assise, et lui dit, épargnant ainsi à sa chaste réserve de répondre directement à la proposition d'Olivier :

— Oh! vous aviez raison, Herminie, je devais me trouver bien fière... de l'offre de M. Olivier...

— Et cette offre... — dit Herminie, devinant la réponse de son amie, — cette offre, l'acceptez-vous, Ernestine?

Mademoiselle de Beaumesnil, par un mouvement d'une grâce et d'une naïveté charmante, se jeta au cou de *la duchesse*, l'embrassa tendrement et lui dit tout bas... bien bas :

— Oui... j'accepte...

Et Ernestine resta la tête à demi-cachée dans le sein d'Herminie pendant que celle-ci, pouvant à peine contenir ses larmes d'attendrissement, disait au jeune officier profondément ému lui-même de cette scène charmante :

— Ernestine accepte, monsieur Olivier... J'en suis ravie pour vous et pour elle... car de ce moment... elle est à jamais heureuse...

— Oh! oui, Mademoiselle, — s'écria Olivier radieux, — car de ce moment... j'ai le droit de consacrer ma vie à mademoiselle Ernestine...

— Je vous crois... je crois à mon bonheur à venir, monsieur Olivier, — dit mademoiselle de Beaumesnil en relevant sa tête jusqu'alors appuyée à l'épaule de *la duchesse*.

Et alors, ses joues légèrement colorées, ses jolis yeux bleus, brillant d'une joie pure et sereine, la jeune fille tendit cordialement sa petite main au jeune homme.

Olivier tressaillit en touchant cette main qu'il n'osa pas porter à ses lèvres, mais qu'il pressa légèrement avec une émotion remplie de tendresse et de respect.

— Puis, sans chercher à cacher les larmes qui lui vinrent aux yeux il dit :

— Par cette main loyale que vous m'avez donnée librement... Mademoiselle, je vous jure, et j'en prends à témoin votre amie... je vous jure que ma vie sera consacrée à votre bonheur !

VI

Après les promesses échangées entre mademoiselle de Beaumesnil et Olivier Raimond, en présence d'Herminie, les trois acteurs de cette scène gardèrent pendant plusieurs instants un silence solennel.

Tous trois sentaient la gravité de cet engagement.

— Quel bonheur d'être riche !... — pensait Olivier, — car maintenant je suis riche auprès de cette pauvre enfant, qui n'a que son travail pour vivre... Quel bonheur de pouvoir lui assurer une existence au-dessus de ses plus beaux rêves !

Et ses traits rayonnant de joie à cette pensée, il rompit le premier le silence, et dit à mademoiselle de Beaumesnil :

— Avant d'être certain de votre consentement, Mademoiselle, je n'avais voulu faire aucune démarche auprès de votre parente... qui, j'ai tout lieu de l'espérer..... n'est-ce pas ? agréera ma demande... Quant à mon oncle... ai-je besoin de vous dire que sa joie égalera la mienne... lorsqu'il saura qu'il peut vous appeler *sa fille?*.. Ce sera donc lui... si vous le jugez convenable... Mademoiselle... qui se rendra auprès de votre parente pour lui faire ma demande.

Ces paroles d'Olivier jetèrent Ernestine dans une grande perplexité ; cédant à un élan de confiance irrésistible qui lui disait qu'elle rencontrerait chez Olivier toutes les garanties de bonheur et de sécurité possible, elle n'avait pas réfléchi aux difficultés sans nombre résultant de son incognito, qu'elle ne pouvait... qu'elle n'osait rompre à l'instant même.

Pourtant, déjà quelque peu familiarisée avec les embarras soudains qui naissaient de la position qu'elle s'était créée, mademoiselle de Beaumesnil répondit à Olivier après un moment de silence :

— Je ne saurais vous dire aujourd'hui, Monsieur Olivier... s'il est préférable que ce soit M. Bernard ou Herminie... qui aille trouver ma parente pour l'instruire de vos intentions... et de mon consentement... j'y penserai et, la première fois que je vous verrai, je vous ferai part de ce que je crois le plus convenable...

— Ernestine a raison, Monsieur Olivier, — reprit Herminie : — d'après ce que je sais du mauvais caractère de sa parente... il faut agir avec prudence... car enfin, c'est un malheur... mais le consentement de cette parente... est indispensable au mariage d'Ernestine.

— Je m'en rapporte complètement à mademoiselle Ernestine, et à vous, Mademoiselle Herminie... sur la manière de faire cette démarche... Certain du consentement de mademoiselle Ernestine, je puis attendre dans cette douce pensée... oh! bien douce, Mademoiselle Ernestine... si vous saviez avec quel contentement je songe à l'avenir... à *notre* avenir... je puis maintenant dire cela. Et mon brave et digne oncle, quelle joie... va être la sienne... de se voir entouré de nos soins... car... cela ne vous contrariera en rien, n'est-ce pas, Mademoiselle Ernestine, de vivre auprès de lui!... Il est si bon... il sera si heureux!

— Ne m'avez-vous pas dit, Monsieur Olivier... qu'il m'appellerait sa *fille?*... Je serai jalouse de justifier ce titre...

— Dites, Mademoiselle Herminie — reprit Olivier, s'adressant à *la duchesse* — après une telle réponse... peut-il être un bonheur plus complet que le mien?

— Non, Monsieur Olivier, reprit *la duchesse* en étouffant un soupir et songeant qu'elle aussi aurait pu jouir d'une félicité pareille, si Gerald eût été dans une position aussi modeste que celle d'Olivier... — non, je ne crois pas qu'il y ait de bonheur comparable au vôtre... et plus mérité! aussi... je m'en réjouis pour mon amie.

— Dame, Mademoiselle Ernestine, — dit Olivier en souriant, — nous ne serons pas de gros seigneurs... car, un sous-lieutenant... c'est peu de chose... mais, du moins, une épaulette, honorablement portée, nivelle toutes les conditions... Et puis... je suis jeune... et, au lieu d'une épaulette... je puis en avoir deux... puis devenir chef d'escadron... peut-être... colonel !...

— Ah ! Monsieur Olivier ! — dit Ernestine en souriant à son tour, — voilà de l'ambition.

— C'est vrai ; maintenant, il me semble que j'en suis dévoré, d'ambition !... Je serais si heureux de vous voir jouir de la considération dont est entourée... la femme d'un colonel... Mon pauvre oncle... serait-il assez fier pour vous... pour moi... et aussi pour lui, de me voir ce grade !... Et puis, Mademoiselle Ernestine... savez-vous que nous serions millionnaires... avec notre solde de colonel... Alors, quel plaisir pour moi de vous entourer de bien-être... d'un peu de luxe même... de vous faire oublier ce que votre première jeunesse a peut-être eu de pénible... et enfin de voir mon pauvre oncle à l'abri de la gêne... dont il a parfois tant souffert !...

— Oui, malgré vos généreux efforts, Monsieur Olivier, — dit Ernestine avec émotion, — malgré les travaux continuels dont vous vous chargiez pendant votre congé...

— Ah! Mademoiselle Herminie, vous avez

été bien indiscrète, dit gaîment Olivier à *la duchesse*.

— En tout cas, — reprit-elle, — mon indiscrétion aura été très désintéressée, car, lorsque j'ai dit à Ernestine tout le bien que je savais de vous, Monsieur Olivier, j'étais loin de me douter que vous deviez si tôt me justifier.

— Et moi, — reprit Ernestine, en souriant, — je dirai à Monsieur Olivier, avec cette franchise dont il est avide, qu'il me méconnaît beaucoup, s'il me croit ambitieuse du luxe qu'il me promet un jour…

— Et moi, — dit Olivier, — je répondrai tout aussi franchement, que je suis horriblement égoïste... qu'en espérant pouvoir entourer Mademoiselle Ernestine de bien-être et de luxe, je ne songe qu'au plaisir que je me promets...

— Mais moi, qui suis la raison en personne, — dit à son tour Herminie en souriant avec mélancolie, — je dirai à Mademoiselle Ernestine et à Monsieur Olivier qu'ils sont deux enfants de s'occuper de ces rêves dorés ; le présent ne doit-il pas les contenter ?

— Allons, je l'avoue, j'ai tort... — reprit gaîment Olivier, — voyez un peu où l'ambition vous conduit. Je pense à être colonel, au lieu de me dire que mon brave oncle et moi, grâce à ma solde de sous-lieutenant, nous n'avons jamais été aussi riches... près de mille écus par an... à nous deux... Quelle joie de pouvoir dire : à nous trois, Mademoiselle Ernestine !

— Mille écus par an !... mais c'est énorme cela, Monsieur Olivier !... s'écria *la plus riche héritière de France*. Comment dépenser tant d'argent?

— Pauvre petite ! se dit Olivier, tout glorieux d'être si gros seigneur... Je m'en doutais bien, pour elle, si malheureuse jusqu'ici, c'est une grande fortune.

Et il reprit tout haut :

— C'est égal... Mademoiselle Ernestine,

nous en viendrons à bout, allez, de nos trois mille francs. D'abord je veux que vous soyez mise à ravir... des toilettes simples, mais élégantes.

— Mon Dieu! quelle coquetterie... Monsieur Olivier! — dit Ernestine en riant.

— Pas du tout, Mademoiselle... c'est de la dignité... La femme d'un officier... jugez donc, il y va de l'honneur du grade.

— S'il s'agit de l'honneur du grade, — reprit en riant mademoiselle de Beaumesnil, — je me résignerai... Monsieur Olivier, mais à condition que votre cher oncle aura un joli jardin... puisqu'il aime les fleurs...

— C'est bien entendu, Mademoiselle Ernestine, nous trouverons facilement un petit appartement avec un jardin dans un quartier retiré... car étant en garnison à Paris, nous ne pouvons demeurer aux Batignolles... et... ah! mon Dieu!

— Qu'avez-vous donc, Monsieur Olivier?

— Mademoiselle Ernestine... — dit le jeune officier avec une gravité comique, — êtes-vous bonapartiste?

— Moi... Monsieur Olivier? certainement, j'admire l'Empereur... Mais pourquoi cette question?

— Alors, Mademoiselle, nous sommes

perdus; mon pauvre oncle abritant, hélas! sous son toit... la plus implacable ennemie du grand homme...

— Vraiment! Monsieur Olivier?

— Vous frissonnerez en entendant les effroyables histoires qu'elle en raconte; mais, pour parler sérieusement, Mademoiselle Ernestine... j'aurai à vous demander d'avance votre indulgence et votre intérêt pour une digne femme, la ménagère de mon oncle... qui depuis dix ans qu'elle le sert, n'a pas été un jour sans le combler de soins excellents... et sans le quereller à outrance au sujet de l'*ogre de Corse*...

— Eh bien! Monsieur Olivier, je ne parlerai de mon admiration pour l'Empereur qu'à votre cher oncle... je la dissimulerai devant cette brave femme... Vous le verrez ; je serai très politique... et elle m'aimera malgré mon bonapartisme...

Madame Moufflon, la portière, ayant frappé à la porte, interrompit l'entretien en apportant une lettre pour Herminie.

Celle-ci, reconnaissant l'écriture de M. de Maillefort, dit à la portière de faire attendre un instant la personne qui lui avait remis cette lettre, à laquelle elle allait répondre.

Olivier, craignant d'être indiscret, et ayant hâte d'aller retrouver le commandant Bernard, afin de lui rendre compte de l'heureux succès de sa démarche, dit à mademoiselle de Beaumesnil :

— J'étais venu ici bien inquiet, Mademoiselle Ernestine... je m'en vais... grâce à vous, le plus content des hommes... Je n'ai pas besoin de vous dire, Mademoiselle... avec quelle impatience je vais attendre le résultat de votre détermination au sujet de votre parente... si vous jugez convenable que mon oncle fasse une démarche auprès d'elle, veuillez m'en informer.

— Lors de notre prochaine entrevue, Monsieur Olivier, qui aura lieu ici chez Herminie, je vous dirai ce qu'il me paraît le plus convenable de faire.

— A cette entrevue, vous me permettrez, n'est-ce pas, d'amener mon oncle... car, il aura tant à vous dire... — ajouta Olivier en souriant; — il aura un tel désir de vous voir, qu'il y aurait de l'imprudence à ne pas l'admettre... il serait capable de tout... pour arriver jusqu'à vous, afin de vous dire sa joie et sa reconnaissance.

— Herminie et moi, nous ne pousserons pas votre cher oncle à de si terribles extrémités, car je suis moi-même très impatiente de le revoir... A bientôt donc, Monsieur Olivier.

— A bientôt... Mademoiselle...

Et Olivier, sortant, laissa les deux jeunes filles ensemble.

Herminie ouvrit alors la lettre de M. de Maillefort : elle contenait ces mots :

« C'est toujours demain samedi, ma chère
« enfant, que je vous conduis chez made-
« moiselle de Beaumesnil ; seulement, si
« vous le voulez bien, je viendrai vous
« prendre vers trois heures de l'après-dîner,
« au lieu de venir à midi, ainsi que nous en
« étions convenus... Un mien cousin-ger-
« main, le chef de ma famille, le prince-duc
« de Haut-Martel (excusez du peu !), vient de
« mourir en Hongrie, ce qui m'est fort égal,
« quoique j'hérite de ce parent.

« Je reçois cette nouvelle par l'ambas-
« sade d'Autriche... où il faut que je me
« rende demain matin pour quelque forma-

« lités indispensables ; ce qui, à mon grand
« regret, m'empêche d'aller vous prendre
« aussitôt que je vous l'avais promis.

« A demain donc, ma chère enfant, vous
« savez mes sentiments pour vous.

« Maillefort. »

— Ernestine... vous me permettez de répondre un mot à cette lettre, n'est-ce pas? dit Herminie en s'asseyant devant sa table.

Pendant que *la duchesse* écrivait à M. de Maillefort, mademoiselle de Beaumesnil, rêveuse, réfléchissait avec une satisfaction croissante à l'engagement qu'elle venait de prendre envers Olivier.

La duchesse répondit à M. de Maillefort qu'elle l'attendrait le lendemain à trois heures ainsi qu'il le désirait ; puis sonnant madame Moufflon, elle la pria de remettre sa réponse à la personne qui avait apporté la lettre.

La portière sortie, Herminie revint auprès de mademoiselle de Beaumesnil et se trouvant enfin seule avec elle, l'embrassa tendrement en lui disant :

— Ernestine... vous êtes bien heureuse, n'est-ce pas ?

— Oh! oui, bien heureuse, — répondit mademoiselle de Beaumesnil, car c'est ici... chez vous, Herminie, que ce bonheur m'arrive... Quelle générosité de la part de M. Olivier... comme il faut qu'il m'estime et qu'il m'aime réellement... n'est-ce pas? pour vouloir m'épouser... lui qui se trouve dans une position si au-dessus de la mienne! Et cela, voyez-vous, Herminie... suffirait à me le faire adorer... Quelle confiance ne dois-je pas avoir dans ses promesses! Avec quelle sécurité je puis maintenant envisager l'avenir... quelles que soient les circonstances où je me trouve un jour!

— Croyez-moi, Ernestine... il n'est pas de félicité plus assurée que celle qui vous attend... votre vie sera douce et fortunée... Aimer... être aimée noblement, est-il un sort plus digne d'envie?

Et par un cruel retour sur elle-même, la pauvre *duchesse* ne put s'empêcher de fondre en larmes.

Mademoiselle de Beaumesnil comprit tout et dit tristement :

— Il est donc vrai... il y a donc toujours une sorte d'égoïsme dans le bonheur!... Ah! Herminie... pardon... pardon... combien vous avez dû souffrir! Chaque mot de notre entretien avec M. Olivier, devait vous porter un coup douloureux... Vous nous entendiez parler d'amour partagé, d'espoir... d'avenir... et, à toutes ces joies... vous pensiez qu'il vous faudra renoncer peut-être... Ah! notre insouciance a dû vous faire bien du mal, Herminie!

— Non, non, Ernestine, dit la pauvre créature en essuyant ses pleurs, — croyez, au contraire, que votre contentement m'a été salutaire et consolant... N'ai-je pas, pendant toute cette matinée..., oublié mes chagrins, hélas! désespérés!

— Désespérés!... mais pourquoi cela?... M. de Senneterre est digne de vous... — s'écria inconsidérément Ernestine en se rappelant sa conversation de la veille avec Gerald, — il vous aime... comme vous méritez d'être aimée... je le sais...

— Vous le savez... Ernestine?... et comment cela?...

— Je veux dire... que... j'en suis sûre,

Herminie, — répondit Ernestine avec embarras, — tout ce que vous m'avez raconté de lui, me prouve que vous ne pouviez mieux placer votre affection ; les obstacles qui s'opposent à votre mariage sont grands... je le crois, mais ils ne sont pas insurmontables.

— Ils le sont, Ernestine... car je ne vous avais pas confié cela... mais ma propre dignité veut... que je n'épouse M. de Senneterre que si sa mère vient ici... chez moi, me dire qu'elle consent au mariage de son fils... Sans cela je ne voudrais à aucun prix entrer dans cette noble famille...

— Oh ! Herminie. — s'écria Ernestine, — combien j'aime en vous cet orgueil !... Et M. de Senneterre, qu'a-t-il répondu ?

L'ORGUEIL. 189

— De nobles et touchantes paroles, — reprit Herminie ; — elles m'ont fait lui pardonner la tromperie dont j'avais été victime... Lorsque M. Olivier lui a annoncé ma résolution, loin d'en paraître surpris ou choqué, Gerald a répondu : « Ce que demande Her-
« minie est juste ; cela importe à sa dignité
« comme à la mienne.. le désespoir est lâche
« et stérile... C'est à moi d'obliger ma mère
« à reconnaître la valeur de la femme à qui
« je suis fier de donner mon nom. »

— Vous avez raison Herminie, ce sont là de nobles et touchantes paroles.

« — Ma mère... m'aime tendrement, a
« ajouté M. de Senneterre... rien n'est im-
« possible à une passion vraie... Je saurai

« convaincre ma mère, et l'amener à la dé-
« marche qu'Herminie a le droit d'attendre
« d'elle... A cela, comment parviendrai-je?
« je l'ignore... mais j'y parviendrai parce
« qu'il s'agit du bonheur d'Herminie et du
« mien... »

— Et cette courageuse résolution de M. de Senneterre ne vous donne pas tout espoir? — dit vivement Ernestine.

La duchesse secoua tristement la tête, et répondit :

— La résolution de Gerald est sincère; mais il s'abuse... Ce que j'ai appris de sa mère me donne, hélas! la certitude que jamais cette femme hautaine....

— Jamais! pourquoi dire jamais? — s'écria Ernestine, en interrompant son amie; — ah! Herminie, vous ne songez donc pas à ce que peut l'amour chez un homme comme M. de Senneterre. Sa mère est fière et hautaine, dites-vous; tant mieux; une lâche humilité l'eût trouvée impitoyable; votre légitime orgueil la frappera, l'irritera peut-être, puisqu'elle est fière aussi, mais du moins elle sera forcée de vous estimer, de vous respecter... Ce sera déjà un grand pas... sa tendresse pour son fils fera le reste... car vous ne savez pas jusqu'à quel point elle l'aime... oui... elle l'aime assez aveuglément pour s'être compromise dans de misérables intrigues, afin de lui faire acheter une fortune immense par une action indigne de lui... Pourquoi, lorsqu'il s'agirait, au contraire, d'assurer le bonheur de son fils par une démarche digne et louable; son amour maternel faillirait-il à cette noble tâche? Croyez-moi, Herminie, il ne faut jamais désespérer du cœur d'une mère.

En vérité, Ernestine, je ne reviens pas de ma surprise. Vous parlez de M. de Senneterre et de sa famille..... comme si vous les connaissiez.

— Eh bien! s'il faut tout vous dire, — reprit mademoiselle de Beaumesnil, qui ne pouvait résister au désir de calmer les craintes de son amie et de la rassurer par l'espérance, — sachant combien vous étiez affligée, ma chère Herminie, j'ai tant fait...: voyez comme je suis intrigante... que j'ai eu, par ma parente, des renseignements sur M. de Senneterre.

— Et comment?

— Elle connaît la gouvernante de mademoiselle de Beaumesnil.

— Votre parente?

— Certainement... et elle a su, ainsi, que Madame de Senneterre s'était mêlée à de tristes intrigues dans le but d'assurer le mariage de son fils avec mademoiselle de Beaumesnil, cette riche héritière.

— Gerald devait épouser mademoiselle de Beaumesnil? — s'écria Herminie.

—Oui; mais il a noblement refusé... L'attrait de cette fortune immense l'a trouvé indifférent... parce qu'il vous aimait... parce qu'il vous aime passionnément, Herminie...

— Vrai! — s'écria *la duchesse* avec ravissement, — vous êtes sûre de ce que vous dites là... Ernestine?

— Oh! très sûre...

— Non... ce n'est pas qu'un pareil désintéressement m'étonne de la part de Gerald... — dit Herminie, dont le sein palpitait délicieusement, — mais...

— Mais, vous êtes bien heureuse... bien fière... de cette nouvelle preuve d'amour, n'est-ce pas?

— Oh! oui... — s'écria *la duchesse*, renaissant à l'espoir presque malgré elle ; — mais encore une fois, êtes-vous bien sûre de ce que vous me dites, Ernestine? Pauvre enfant, vous désirez tant me voir heureuse, que vous aurez peut-être accueilli comme vrais, ces propos..... ces bruits..... dont les subalternes sont toujours prodigues... Mais, j'y pense, — reprit Herminie, avec une certaine angoisse, et, d'après ces bruits, fondés ou non, mademoiselle de Beaumesnil avait-elle vu Gerald?

— Je crois que ma parente m'a dit que mademoiselle de Beaumesnil avait vu M. de Senneterre une ou deux fois... Mais que vous importe cela, Herminie?

— C'est qu'il me semble que demain je serai gênée... en songeant qu'il y a eu des projets de mariage entre Gerald et mademoiselle de Beaumesnil...

— Et que doit-il donc se passer demain, Herminie?

— Je dois être présentée comme maîtresse de piano à mademoiselle de Beaumesnil.

— Demain? — dit vivement Ernestine, sans cacher sa surprise.

— Lisez cette lettre, mon amie, — lui répondit *la duchesse*, elle est de ce monsieur... bossu... que vous avez vu ici...

Sans doute, M. de Maillefort aura eu ses

raisons pour ne pas me prévenir hier de la présentation d'Herminie, se dit Ernestine en lisant la lettre du marquis, mais il n'importe.. il a sagement agi en hâtant ce moment, car mes forces de dissimulation avec Herminie sont à bout. Quel bonheur de pouvoir demain tout lui avouer!

Et rendant à la duchesse la lettre de M. de Maillefort, Ernestine reprit :

— Eh bien! Herminie... qu'est-ce que cela peut vous faire, qu'il y ait eu des projets de mariage entre M. de Senneterre et mademoiselle de Beaumesnil?

— Je ne sais... Ernestine... mais, je vous le répète, il me semble que cela me met dans une position fausse, presque pénible... envers cette demoiselle... et si je n'avais promis à M. de Maillefort de l'accompagner chez elle...

— Que feriez-vous ?

— Je renoncerais à cette visite... qui maintenant me cause... une sorte d'inquiétude.

— Ah ! Herminie... vous avez promis, vous ne pouvez vous dédire.... et puis, mademoiselle de Beaumesnil n'est-elle pas l'enfant de cette dame qui vous aimait tant..... qui vous parlait si souvent de sa fille chérie ?.. Herminie, songez-y; ce serait mal de renoncer à la voir.... ne devez-vous pas cela du moins à la mémoire de sa mère ?

— Vous avez raison, Ernestine, il faut me résoudre à cette présentation, et cependant...

— Qui vous dit, Herminie, qu'au contraire, votre rapprochement avec cette jeune demoiselle, ne vous sera pas bien doux à toutes deux? Je ne sais pourquoi, moi j'augure bien pour vous de cette visite... et je vous parle là avec désintéressement... car toute amitié est jalouse... Mais il se fait tard. Herminie, il faut que je rentre... demain je vous écrirai.

La duchesse était restée un moment pensive.

— Mon Dieu! Ernestine, — reprit-elle, — je ne puis vous dire ce qui se passe en moi, c'est étrange... Le noble désintéressement de Gerald, mon entrevue avec mademoiselle de Beaumesnil, votre réflexion sur le caractère de madame de Senneterre, qui, par cela qu'elle est très fière elle-même..... comprendra peut-être les exigences que ma propre dignité m'impose, tout cela me jette dans un trouble singulier ; moi... tout à l'heure encore si désespérée... maintenant j'espère malgré moi... Et grâce à vous, mon amie... mon pauvre cœur est moins serré... que lorsque vous êtes arrivée.

Si Ernestine n'eût pas respecté les projets de M. de Maillefort, quoiqu'elle les ignorât, elle eût mis un terme aux anxiétés de *la duchesse* et augmenté ses espérances en lui donnant de nouvelles preuves de l'amour de

Gerald et de la noblesse de son caractère; mais, pensant que tout serait bientôt éclairci, elle garda son secret et quitta Herminie.

. . . .

Le lendemain, selon sa promesse, M. de Maillefort vint chercher la duchesse et tous deux se rendirent aussitôt chez mademoiselle de Beaumesnil.

VII

Mademoiselle de Beaumesnil, avant de se rendre chez Herminie le vendredi matin, n'avait eu aucune explication avec M. de la Rochaiguë et mademoiselle Héléna, au sujet de MM. de Macreuse et de Mornand.

Au retour du bal, Eanestine, prétextant d'une fatigue bien concevable, s'était retirée chez elle ; puis, le lendemain matin, elle était sortie seule avec madame Lainé, pour se rendre chez Herminie.

On devine sans peine les récriminations amères, courroucées, échangées entre le baron, sa femme et mademoiselle Héléna, en revenant de cette malencontreuse fête où leurs prétentions secrètes avaient été démasquées.

Madame de la Rochaiguë, toujours persuadée du futur mariage de M. de Senneterre et de mademoiselle de Beaumesnil, fut impitoyable dans son triomphe, qu'elle ne dévoila pas encore, et accabla de sarcasmes et de reproches le baron et sa sœur.

La dévote répondit doucement, pieuse-

ment « que le succès des méchants et des
« superbes était passager, et que le juste, un
« moment accablé, se relevait bientôt ra-
« dieux dans sa gloire. »

Le baron, moins biblique, déclara, avec
une fermeté que sa femme ne lui connaissait
pas encore, qu'il ne pouvait obliger mademoiselle de Beaumesnil à épouser M. de
Mornand, après la déplorable scène suscitée
par M. de Maillefort, mais qu'il refuserait
complètement, absolument, irrévocablement, son
consentement à tout autre mariage, jusqu'à
ce que mademoiselle de Beaumesnil eût at-
teint l'âge où elle pourrait disposer d'elle-
même.

Ernestine, à son retour de chez Herminie,

avait été tendrement accueillie par madame de la Rochaiguë, qui, toujours pimpante, souriante et triomphante, lui apprit que M. de la Rochaiguë, dans un premier moment de dépit, avait déclaré qu'il s'opposerait à tout mariage jusqu'à la majorité de sa pupille, mais que la volonté du baron ne signifiait rien du tout, et qu'avant vingt-quatre heures, il changerait d'avis, comprenant qu'il n'y avait de mariage possible pour mademoiselle de Beaumesnil qu'avec M. de Senneterre.

Et comme la baronne ajoutait qu'il serait convenable qu'Ernestine reçût le lendemain la mère de Gerald qui désirait faire auprès de l'héritière une démarche officielle et décisive, relativement au mariage projeté, la jeune fille répondit que, tout en appréciant beaucoup le mérite de M. de Senneterre, elle demandait quelques jours pour réfléchir, voulant ainsi se donner le temps de se concerter avec M. de Maillefort et Herminie, au sujet de ses projets à venir.

En vain la baronne insista, pour hâter la décision d'Ernestine, celle-ci fut inflexible.

Assez surprise et très contrariée de cette résolution, la baronne dit à l'orpheline, au moment de la quitter :

— J'avais oublié de vous prévenir hier, ma chère belle, qu'après en avoir causé avec M. de Maillefort, qui est maintenant de mes meilleurs amis..... et le vôtre aussi, (vous savez tout le bien qu'il dit de M. de Senneterre), nous nous sommes promis de vous offrir l'occasion de faire une excellente action..... dont j'avais d'ailleurs eu l'idée.... même avant votre arrivée à Paris : il s'agit d'une honnête et pauvre fille, qui a été appelée auprès de votre chère mère comme artiste; cette jeune personne est très fière et fort dans la gêne ; nous avons donc pensé que, sous prétexte de leçons de piano, vous pourriez lui venir en aide, et, si vous y consentez, le marquis vous la présentera demain.

On devine la réponse d'Ernestine et avec quelle impatience elle attendit l'heure où elle recevrait Herminie, accompagnée de M. de Maillefort.

Enfin, arriva ce moment si impatiemment désiré depuis la veille.

Mademoiselle de Beaumesnil voulut, ce jour-là, s'habiller absolument de la même manière que lorsqu'elle allait chez son amie; elle portait donc une petite robe d'indienne des plus modestes.

Bientôt un valet de chambre ouvrit cérémonieusement les deux battants de la porte du salon où se tenait habituellement l'héritière, et il annonça à haute voix :

— Monsieur le marquis de Maillefort.

Herminie accompagnait le bossu, et, ainsi qu'elle en avait la veille prévenu Ernestine, elle se sentait, pour plusieurs raisons, très troublée de cette entrevue avec mademoiselle de Beaumesnil.

Aussi *la duchesse*, dont le sein palpitait vivement, tenait-elle les yeux constamment baissés ; le valet de chambre eut le temps de fermer la porte et de sortir avant qu'Herminie n'eût reconnu Ernestine.

Le marquis jouissant délicieusement de cette scène, jetait un regard d'intelligence à mademoiselle de Beaumesnil, au moment où Herminie, surprise du silence qui l'accueillait, hasarda de lever les yeux.

— Ernestine !... — s'écria-t-elle en faisant un pas vers son amie, — vous, ici ?

Et, profondément surprise, elle regarda le marquis, tandis que mademoiselle de Beaumesnil, se jetant au cou d'Herminie, l'embrassait avec effusion, ne pouvant retenir des larmes de joie que *la duchesse* sentit couler sur sa joue.

— Vous pleurez... Ernestine? — dit Herminie, de plus en plus étonnée, mais qui ne devinait rien encore, quoique son cœur battît pourtant avec une violence inaccoutumée.

— Mon Dieu!... qu'avez-vous... Ernestine? — reprit-elle, — comment vous retrouvai-je ici, chez mademoiselle de Beaumesnil?... Vous ne me répondez pas!... Mon Dieu!... je ne sais pourquoi je tremble ainsi.

Et *la duchesse* regarda le bossu, dont les yeux se mouillaient de pleurs.

— Je ne sais... mais il me semble qu'il se passe ici quelque chose d'extraordinaire, — reprit Herminie. — Monsieur le marquis, je vous en conjure... dites-moi ce que cela signifie...

— Cela signifie, ma chère enfant, — dit M. de Maillefort, — que j'étais bon prophète lorsqu'en vous parlant de votre entrevue avec mademoiselle de Beaumesnil... je vous disais que cette rencontre vous causerait un plaisir... auquel vous ne vous attendiez pas.

— Alors, Monsieur, vous saviez donc que je trouverais ici Ernestine?

— J'en étais sûr...

— Vous en étiez sûr ?

— Oui, cela ne pouvait pas manquer.

— Pourquoi cela ?

— Par une raison bien simple... c'est que...

— C'est que ?

— Vous ne devinez pas ?

— Non, Monsieur.

— C'est que... les deux Ernestine... n'en font qu'une...

La duchesse était si loin de se douter de la vérité que, ne comprenant pas tout d'abord la réponse du bossu, elle répéta machinalement en le regardant :

— Les deux Ernestine... n'en font qu'une ?

Mais voyant son amie, émue, tremblante, la contempler avec une expression de tendresse et de bonheur ineffable, en lui tendant les bras, elle s'écria frappée de stupeur, presque de crainte :

— Mademoiselle de Beaumesnil... ce serait... ah ! mon Dieu !... c'est... c'est vous !...

— Oui... c'est elle !... — s'écria le bossu, dans un ravissement indicible, — c'est la fille de cette excellente femme qui vous aimait tant, et pour qui vous aviez un si profond... un si respectueux attachement.

— Ernestine est ma sœur!... pensa *la duchesse.*

A cette saisissante révélation, au souvenir de la manière étrange dont elle avait connu mademoiselle de Beaumesnil, et des circonstances survenues depuis leur première rencontre, Herminie, frappée d'une sorte de vertige, sentit ses idées se troubler ; elle pâlit, trembla de tous ses membres, et il fallut qu'Ernestine la fît asseoir toute défaillante dans un fauteuil.

Alors, agenouillée devant elle, la couvant

d'un regard de sœur, mademoiselle de Beaumesnil prit les mains d'Herminie dans les siennes et les baisa presque pieusement, pendant que le marquis, debout, silencieux, contemplait cette scène attendrissante.

— Pardonnez-moi... — balbutia Herminie, — mais l'isolement... le trouble où je suis... Mademoiselle...

— Mademoiselle! oh! ne m'appelez pas ainsi, — s'écria mademoiselle de Beaumesnil, — ne suis-je donc plus votre Ernestine, l'orpheline à qui vous avez promis votre amitié... parce que vous la croyiez malheureuse?... Hélas! M. de Maillefort, notre ami, vous dira... si je n'étais pas en effet bien malheureuse, et si votre tendre affection ne

m'est pas plus nécessaire que jamais......
Qu'est-ce que cela vous fait que je ne sois
plus la pauvre petite brodeuse?... Allez,
Herminie, la richesse a ses infortunes...
bien grandes aussi, je vous le jure... De
grâce, souvenez-vous des paroles de ma
mère mourante, qui, si souvent, vous parlait de moi... Oh! par pitié... continuez de
m'aimer pour l'amour d'elle...

— Rassurez-vous... vous me serez toujours chère... doublement chère, — répondit
Herminie à sa sœur, — mais, voyez-vous,
c'est à peine si je puis me remettre du trouble... de la stupeur où me jette tout ce qui
arrive... Pour moi, c'est comme un rêve; et
quand je pense à la manière dont je vous ai
rencontrée, Ernestine... et à mille autres

choses encore... j'ai besoin de vous sentir là... près de moi... pour croire à la réalité de ce qui se passe...

— Votre surprise est concevable, ma chère enfant, — reprit le marquis, — et moi-même, lorsque, chez vous, il y a peu de jours, j'ai rencontré mademoiselle de Beaumesnil... j'ai été tellement étourdi, que si, pendant quelques instants, le hasard n'avait pas détourné vos regards... vous vous seriez aperçue de mon étonnement; mais j'avais promis le secret à Ernestine et je l'ai tenu jusqu'ici.

Le premier saisissement d'Herminie passé, la réflexion lui revint lucide et prompte; aussi ses premières questions furent-elles:

— Mais, Ernestine, comment se fait-il que vous soyez venue chez madame Herbaut? Quel est ce mystère?... Pourquoi vous êtes-vous fait présenter dans cette réunion?

Ernestine sourit tristement, alla prendre sur une table le journal qu'elle écrivait sous l'invocation de la mémoire de sa mère, et l'apportant ouvert à Herminie à l'endroit où se trouvait le récit des divers motifs qui avaient forcé *la plus riche héritière de France* à tenter la pénible épreuve qu'elle avait courageusement subie, la jeune fille dit à *la duchesse :*

— J'avais prévu votre question, Herminie, et comme je tiens à ce que vous me croyiez en tout digne de votre affection..... je vous prie de lire ces quelques pages... elles vous diront la vérité..... car c'est à la mémoire de ma mère que je les adresse..... Monsieur de Maillefort... veuillez prendre connaissance de ce récit en même temps qu'Herminie.... vous verrez que si malheureusement j'ai d'abord cru à d'indignes calomnies dirigées contre vous... votre sage et sévère leçon n'a pas été perdue pour moi; elle seule m'a donné le courage de tenter une épreuve, qui, peut-être, vous paraîtra bien étrange, Herminie.

La duchesse prit le livret des mains d'Ernestine.

Ce fut alors un tableau intéressant que de voir Herminie assise... tenant l'album ouvert... pendant que le marquis, courbé sur le dossier du fauteuil où elle était, lisait en même temps qu'elle et comme elle, en silence, le naïf récit de mademoiselle de Beaumesnil.

Celle-ci, pendant tout le temps de cette lecture, regardait attentivement Herminie et le bossu, curieuse, presque inquiète de savoir si les deux personnes en qui elle était résolue de placer désormais toute sa confiance, approuvaient les motifs qui avaient guidé sa conduite.

Bientôt elle ne conserva pas à ce sujet le moindre doute; quelques exclamations à la fois touchantes et sympathiques lui témoignèrent l'approbation du marquis et d'Herminie.

Lorsque tous deux eurent terminé cette lecture, *la duchesse*, essuyant des larmes d'attendrissement, dit à Ernestine :

— Ce n'est plus seulement de l'amitié que je ressens pour vous, Ernestine..... c'est du respect, c'est presque de l'admiration.... Combien, mon Dieu! vous avez dû souffrir de ces doutes affreux! quel courage il vous a fallu... pauvre petite... pour prendre toute seule un parti si grave, pour affronter une épreuve devant laquelle tant d'autres auraient reculé !... Ah! du moins.,. j'ai pu vous offrir une affection... que vous avez dû croire aussi désintéressée qu'elle l'était réellement. J'ai pu vous prouver, Dieu en soit béni! que vous pouviez, que vous deviez être aimée pour vous-même.

— Oh! oui, — répondit Ernestine avec effusion, — c'est cela qui me rend cette amitié si douce et si précieuse.

— Herminie a raison, votre conduite est belle et vaillante, — dit à son tour le marquis non moins ému. — Les quelques mots que vous m'avez dits à ce sujet au bal d'avant-hier, ma chère enfant, ne m'avaient qu'imparfaitement instruit.... Bien, bien, vous êtes la digne fille de votre digne mère...

Soudain, *la duchesse*, se souvenant de la promesse faite par Ernestine à Olivier, s'écria avec anxiété :

— Oh! mon Dieu! j'y songe, Ernestine... et l'engagement qu'hier vous avez pris en ma présence avec M. Olivier.

— Eh bien ! — répondit simplement mademoiselle de Beaumesnil, — cet engagement, je le tiendrai...

VIII

M. de Maillefort, en entendant mademoiselle de Beaumesnil parler d'un engagement qu'elle avait pris avec M. Olivier et qu'elle voulait tenir, fut aussi inquiet que surpris, tandis que *la duchesse* reprit :

— Comment, Ernestine, cette promesse faite à M. Olivier...

—Eh bien! cette promesse... je vous le répète, ma chère Herminie, je la tiendrai... Ne m'avez-vous pas approuvée d'accepter l'offre de M. Olivier? N'y avez-vous pas vu... comme moi... une garantie certaine pour mon bonheur à venir? N'avez-vous pas enfin senti, comme moi, toute la générosité de la proposition qui m'était faite?

— Sans doute... Ernestine, mais c'était à la pauvre petite brodeuse que s'adressait M. Olivier.

—Eh bien! pourquoi sa générosité me paraîtrait-elle moindre à cette heure, ma bonne Herminie? Pourquoi les garanties de bonheur que m'assurait cette offre ne seraient-elles pas maintenant aussi certaines?

— Que vous dirai-je, Ernestine ?... je ne trouve rien à vous répondre... Il me semble que vous avez raison, et cependant... malgré moi, je me sens inquiète... Mais, tenez... vous ne pouvez avoir de secret pour M. de Maillefort ?

— Non, certes... Herminie, et je suis sûre que M. de Maillefort m'approuvera.

Le marquis avait silencieusement écouté et réfléchi.

— Le *Monsieur Olivier* dont il s'agit, — dit le bossu, — n'est-il pas le danseur qui vous a invitée *par charité*, et dont il est question dans votre récit, ma chère enfant ?

— Oui, monsieur de Maillefort, — répondit mademoiselle de Beaumesnil.

— Et c'est l'oncle de M. Olivier qu'Ernestine a l'autre jour sauvé d'une mort presque certaine, — ajouta Herminie.

— Son oncle! — dit vivement le bossu.

Puis, après un moment de réflexion, il ajouta :

— Je comprends.... la reconnaissance, jointe sans doute à un sentiment plus tendre... né lors de votre rencontre avec ce jeune homme chez madame Herbaut, lui a fait proposer à Ernestine, qu'il croyait abandonnée... malheureuse...

— Un mariage inespéré pour une pauvre orpheline... ainsi que je paraissais à ses yeux, — reprit mademoiselle de Beaumesnil, — car M. Olivier... vient d'être nommé officier, et c'est cette fortune qu'il a offerte à la pauvre brodeuse...

— Ne s'appelle-t-il pas Olivier Raimond?.. — s'écria le bossu, comme si un souvenir lui revenait à l'esprit.

— Il s'appelle ainsi, — répondit Ernestine, — vous le connaissez, Monsieur?

— Olivier Raimond, sous-officier de hussards et décoré en Afrique, n'est-ce pas? — continua le marquis.

— Oui, monsieur de Maillefort... c'est cela même.

— Alors, c'est pour lui que moi, qui ne sollicite guères... j'ai sollicité, à la demande et en compagnie de mon brave et bon Gerald de Senneterre, qui aimait ce jeune homme comme un frère, — ajouta le bossu d'un air pensif.

Et, de nouveau, s'adressant à Ernestine :

— Mon enfant... c'est le meilleur ami de votre mère... c'est presque un père qui vous parle... Tout ceci me paraît fort grave ; je tremble que la générosité de votre caractère ne vous ait emportée trop loin... Ainsi, vous avez pris un engagement formel avec M. Olivier Raimond ?

— Oui, Monsieur.

— Et vous l'aimez ?...

— Autant que je l'estime, mon bon monsieur de Maillefort.

— Je comprends, hélas ! ma chère enfant, qu'après les horribles révélations du bal d'avant-hier... vous sentiez plus que jamais le besoin d'une affection sincère, désintéressée ; je comprends encore que vous trouviez un charme... extrême, je dirai plus, des garanties peut-être réelles... dans l'offre généreuse de M. Olivier Raimond ; mais... cela n'empêche pas que vous n'ayez été au moins imprudente... en vous engageant formellement : Songez-y ! il y a si peu de temps que vous connaissez M. Olivier !

— Il est vrai, monsieur de Maillefort... mais il ne m'a pas fallu plus de temps, lorsque mes yeux se sont ouverts... pour reconnaître que vous m'aimiez avec la plus tendre sollicitude... et qu'Herminie était la plus noble créature qu'il y ait au monde. Allez, croyez-moi, monsieur de Maillefort, je ne me trompe pas davantage sur M. Olivier.

— Mon Dieu ! je désire vous croire, mon enfant. Ce jeune homme est le meilleur ami de M. de Senneterre... Pour moi, je l'avoue, c'est déjà une très bonne présomption... Puis, avant de m'intéresser au protégé de Gerald, craignant qu'il n'eût été aveuglé par son affection pour un ancien compagnon d'armes, je me suis informé de M. Olivier.

— Eh bien? — dirent en même temps Ernestine et Herminie.

— Eh bien! mes enfants, la meilleure preuve de l'excellence de ces informations, est que j'ai servi M. Olivier de toutes les forces d'un crédit... dont j'use très rarement.

— Alors, monsieur de Maillefort, que craignez-vous pour moi? — reprit Ernestine. — Pouvais-je faire un meilleur choix? La naissance de M. Olivier est honorable, sa profession honorée. Il est pauvre... soit... Mais ne suis-je pas, hélas!... que trop riche? Et puis, songez à ma position d'héritière... sans cesse exposée aux machinations odieuses dont, avant-hier encore, vous avez fait justice. Songez que, pour me sauvegarder de ces misérables cupidités, vous avez sagement éveillé en moi une défiance, peut-être, maintenant incurable... Aussi, désormais en proie à cet horrible soupçon : — *que je ne suis recherchée que pour mon argent,* — en qui aurai-je foi ? chez qui... et dans quelles circonstances voulez-vous que je trouve jamais ce désintéressement, cette générosité dont M. Olivier m'a donné une preuve si convaincante ? Car enfin... dans l'offre qu'il m'a faite, me croyant pauvre, abandonnée... n'est-ce pas lui qui est le millionnaire ?

Le marquis regarda Herminie en souriant à demi et lui dit :

— Votre amie... la petite brodeuse, a réponse à tout... et, il faut l'avouer, ses réponses, sous un certain côté, sont pleines de justesse, de raisonnement, de prévoyance... et il me serait très difficile de lui prouver qu'elle a tort.

— Il est vrai, Monsieur, — reprit Herminie, — moi-même, tout-à-l'heure, je cherchais des objections... contre sa promesse... et je n'en trouve pas.

— Ni moi non plus, mes pauvres enfants, — reprit tristement le bossu ; mais malheureusement la raison ne fait pas le droit... et, en admettant même qu'il n'y ait pas au monde pour Ernestine un mariage plus convenable que celui dont il s'agit, il lui faut, pour se marier, le consentement de son tuteur, et, avec les idées que je lui connais, il est impossible qu'il consente à une pareille union... Il faudra donc qu'Ernestine attende plusieurs années... Ce n'est pas tout : tôt ou tard, M. Olivier saura que la petite brodeuse est *la plus riche héritière de France,* et d'après ce que vous me dites de lui, mes enfants, d'après ce que m'en a dit Gerald lui-même, il est à craindre que, dans son excessive délicatesse, M. Olivier ne recule devant la pensée d'être soupçonné de cupidité... en épousant... lui sans fortune, une si riche héritière. Aussi, malgré son amour et sa vive reconnaissance, sera-t-il peut-être capable de tout sacrifier aux scrupules d'un cœur susceptible et fier...

A ces paroles du marquis, dont elle ne

reconnaissait que trop la justesse, mademoiselle de Beaumesnil tressaillit, une douloureuse angoisse lui serra le cœur, et elle s'écria avec amertume :

— Fortune maudite !!!... Je ne lui devrai donc jamais que déceptions et tourments !

Puis, elle ajouta d'une voix suppliante, en attachant sur le bossu un regard noyé de larmes :

— Ah ! monsieur de Maillefort, vous étiez le meilleur ami de ma mère, vous aimez tendrement Herminie... sauvez-moi... sauvez-la... venez à notre aide... soyez notre génie tutélaire... car, je le sens, ma vie sera à jamais flétrie, désolée par le doute et la défiance que vous m'avez inspirés. La seule chance de bonheur qui me reste, est d'épouser M. Olivier... et Herminie mourra de chagrin... si elle n'épouse pas M. de Senneterre. Encore une fois, bon monsieur de Maillefort, ayez pitié de nous.

— Ah! Ernestine! — dit *la duchesse* à son amie d'un ton de triste reproche et en devenant pourpre de confusion, — ce secret... je ne l'avais confié qu'à vous seule!

— Gerald!... — s'écria le marquis, à son tour confondu de cette révélation, en interrogeant Herminie du regard, — Gerald... vous l'aimez! C'est donc à cette irrésistible passion qu'il faisait allusion lorsqu'hier encore, comme je le louais de sa généreuse conduite envers mademoiselle de Beaumesnil, il me disait qu'il ne vivait que pour une jeune fille digne de son adoration... Oui, maintenant, je comprends tout... pauvres chères enfants... aussi votre avenir m'épouvante.

— Pardon... oh! pardon, Herminie, — dit Ernestine à son amie, dont les larmes coulaient silencieusement, — ne m'en veuillez pas d'avoir abusé de votre confidence. Mais en quoi pouvons-nous avoir foi et espoir si ce n'est en M. de Maillefort? Qui mieux que lui pourra nous guider, nous protéger, nous soutenir dans ces cruels jours d'épreuve? Hélas! il l'a dit lui-même tout-à-l'heure, la raison n'est pas le droit... il avoue que, d'après la position que m'a faite cette fortune maudite, je ne puis placer plus sûrement mon affection que dans M. Olivier... et que pourtant... de grandes difficultés menacent ce mariage... Il en est ainsi de vous, Herminie... M. de Maillefort est certainement convaincu, comme moi, qu'il n'y a plus de bonheur possible pour vous et pour M. de Senneterre que dans votre union aussi menacée que la mienne.

— Ah! mes enfants, — dit le bossu, — si vous saviez quelle femme est la duchesse de Senneterre!... Eh! mon Dieu, je vous l'ai dit l'autre jour, ma chère Herminie, lorsque vous me demandiez sur son caractère des renseignements dont, à cette heure, je vois le motif... il n'est pas de femme plus stupidement vaine de son titre.

— Et pourtant Herminie ne veut épouser M. Gerald que si madame de Senneterre vient la voir, et lui dire qu'elle consent à ce mariage ! Cette juste fierté d'Herminie, vous l'approuvez, n'est-ce pas, monsieur de Maillefort ?

— Elle veut cela?.... Oh ! la vaillante et noble fille ! — s'écria le marquis, après un moment de surprise, — toujours cet admirable ORGUEIL qui me la fait tant chérir.... Certainement je l'approuve, je l'admire... Une résolution pareille est d'un cœur haut et hardi.... Ah ! je ne m'étonne plus de la folle passion de Gerald. Nobles enfants ! leurs cœurs se valent ; ne sont-ils pas égaux ? Eh ! voilà la vraie noblesse !

— Herminie, — dit Ernestine, — vous entendez M. de Maillefort? Maintenant me reprocherez-vous encore d'avoir abusé de votre secret?

— Non... non, Ernestine, — répondit doucement *la duchesse*. — Non, je ne vous reprocherai qu'une chose, c'est d'avoir causé un chagrin inutile... à M. de Maillefort, en lui faisant connaître des malheurs auxquels il ne peut remédier.

— Mon Dieu! qui sait? — reprit vivement Ernestine. — Vous ne le connaissez pas, Herminie. Vous ignorez combien M. de Maillefort a d'influence dans le monde, combien il inspire à la fois de sympathie, de vénération aux nobles cœurs, et d'épouvante aux méchants et aux lâches. Et puis, il est si bon!

si bon... pour ceux qui souffrent, il aimait tant ma mère...

Et comme M. de Maillefort, vaincu par l'émotion, détournait la tête pour cacher ses larmes, mademoiselle de Beaumesnil reprit, de plus en plus suppliante :

— Oh! n'est-ce pas, monsieur de Maillefort, que vous avez pour nous la sollicitude d'un père?... Ne sommes-nous pas sœurs à vos yeux, par notre tendresse et par l'attachement filial que nous vous portons?.. Oh! par pitié, ne nous abandonnez pas.

Et Ernestine prit la main du bossu, pendant qu'Hermine, cédant à l'entraînement de son amie, prenait l'autre main du marquis en disant aussi d'une voix suppliante :

— Hélas ! monsieur de Maillefort, nous n'avons plus d'espoir qu'en vous...

Le trouble... l'attendrissement du bossu étaient à leur comble...

L'une des jeunes filles qui l'imploraient avait pour mère une femme qu'il avait si longtemps aimée...

L'autre... appartenait peut-être aussi à cette femme, car, bien souvent, le marquis, revenant à sa première conviction, se persuadait qu'Herminie était la fille de madame de Beaumesnil...

Mais, quoi qu'il en fût, M. de Maillefort avait reçu de cette mère mourante la mission sacrée de veiller sur Ernestine et sur Herminie... Cette mission, il avait juré de la remplir; aussi, ne pouvant contenir les sentiments qui débordaient son cœur, il serra passionnément les deux jeunes filles sur sa poitrine, en murmurant d'une voix étouffée par les sanglots :

— Oui... oui... chères et pauvres enfants... je ferai pour vous... ce que pourrait faire le plus tendre des pères.

Il est impossible de peindre cette scène touchante, de rendre l'effet du silence de quelques instants qui succéda et qu'Ernestiens, radieuse d'espérance, interrompit la première en s'écriant :

— Herminie... nous sommes sauvées : vous épouserez M. Gérald, et moi M. Olivier.

IX

M. de Maillefort, en entendant Mademoiselle de Beaumesnil s'écrier :

« — Herminie ! nous sommes sauvées ; vous
« épouserez M. Gerald, et moi M. Olivier. »

M. de Maillefort secoua mélancoliquement la tête et reprit en souriant à demi :

— Un instant, mesdemoiselles, n'allez pas

concevoir maintenant de folles espérances qui me tourmenteraient autant que votre désespoir... Voyons, mes enfants... parlons sagement, froidement;... ce n'est pas en s'exaltant comme vous faites.., et moi aussi par contre-coup, que l'on avance les affaires; l'émotion vous brise, on souffre, on pleure, et voilà tout...

— Oh! Monsieur de Maillefort, ces larmes-là sont douces... — dit Ernestine en essuyant ses yeux, — il ne faut pas les regretter.

— Non... mais il ne faut pas les renouveler... cela trouble la vue... et nous avons besoin mes pauvres enfants, de voir clair... bien clair, dans notre situation.

— M. de Maillefort a raison, — reprit Herminie, — soyons calmes, raisonnables...

— Oui, soyons raisonnables... dit Ernestine, — Monsieur de Maillefort, asseyez-vous là... entre nous deux... et causons sagement... froidement, comme vous dites.

— Voyons... — reprit le bossu, assis sur un canapé au milieu des deux jeunes filles et prenant une de leurs mains dans les siennes, — de qui allons-nous d'abord nous occuper?

— D'Herminie... — dit vivement Ernestine.

— D'Herminie... soit, — répondit le marquis — Herminie et Gerald s'aiment tendrement, ils sont dignes l'un de l'autre... c'est entendu ; mais, par un orgueil que j'admire et que j'approuve, parce qu'il n'est pas d'amour ou de bonheur possibles *sans dignité*, Herminie ne consent à épouser Gerald... que si elle reçoit au sujet de ce mariage la visite de la duchesse de Senneterre... il s'agit de trouver le moyen d'amener à cette démarche la plus hautaine des duchesses... Rien que cela.

— Ah! Monsieur de Maillefort, — dit Ernestine, rien ne vous est impossible... à vous.

— Entendez-vous cette petite câline avec sa douce voix, — reprit le marquis en souriant, — rien ne vous est impossible, à vous, Monsieur de Maillefort!

Et il continua en soupirant :

— Chère enfant..., si vous saviez ce que c'est que la vanité dans l'égoïsme ! et ces deux mots vous peignent Madame de Senneterre. Mais enfin, quoique je ne sois pas un grand enchanteur, il me faudra tâcher de charmer ce monstre à deux têtes.

— Ah ! Monsieur, — dit Herminie, — si jamais vous pouviez opérer ce prodige, ma vie entière...

— J'y compte bien, mon enfant... Oui, j'espère que, durant votre vie entière, vous m'aimerez... lors même que je ne réussirais pas dans ce que je veux entreprendre, car j'en serais, je crois, aussi malheureux que vous, et c'est surtout alors que j'aurai besoin de consolations. Maintenant, à votre tour, ma chère Ernestine...

— Oh! moi, — dit tristement mademoiselle de Beaumesnil, — ma position est encore plus difficile que celle d'Herminie.

— Ma foi! je n'en sais rien... mais je dois vous prévenir, ma pauvre enfant, que je ne puis me mêler en rien de ce qui vous concerne... avant d'avoir pris de nouvelles informations sur M. Olivier Raimond...

— Comment, monsieur de Maillefort, — dit Ernestine, — celles que vous avez déjà sur lui ne suffisent pas?

— Elles sont excellentes... en ce qui touche sa vie de soldat ; mais comme il ne s'agit pas d'un nouveau grade à lui conférer, et que l'on peut être un très brave officier et un très mauvais mari, je m'informerai... comme il convient...

— Pourtant M. de Senneterre vous a dit tout le bien possible de M. Olivier...

— Ma chère enfant, on peut être un excellent ami, un parfait camarade, et rendre sa femme malheureuse...

— Ah ! Monsieur, quel soupçon ! Songez donc que M. Olivier me croit pauvre... et que...

— Tout cela est à merveille... la reconnaissance... la générosité... l'amour l'ont amené à vous offrir ce qu'il croit une fortune inespérée pour vous; c'est un premier mouvement, très généreux, et tout-à-l'heure j'en ai été moi-même si touché, si ému... que je me suis laissé entraîner comme vous et comme Herminie.

— Et maintenant, Monsieur, — demanda Ernestine avec inquiétude, — est-ce que votre opinion aurait changé?

— Maintenant, mon enfant, je ne juge plus seulement avec mon cœur, mais aussi avec ma raison... et ma raison me dit que si le premier mouvement de M. Olivier est excellent... ce n'est qu'un premier mouvement.

Je ne doute pas un instant que M. Olivier ne tienne la promesse qu'il vous a faite... qu'il ne l'accomplisse avec honneur ; mais je veux être certain... autant que l'on peut être certain de quelque chose... que, dans le cas où M. Olivier vous épouserait, toute sa vie serait d'accord... avec ce premier mouvement que j'admire autant que vous.

Ernestine ne put cacher une sorte d'impatience douloureuse en écoutant ces sages et prudentes paroles.

Le marquis reprit d'un ton à la fois grave et tendre :

— Ma pauvre enfant, la confiance que vous mettez en moi, l'attachement que j'avais pour votre mère... l'intérêt même de votre avenir m'obligent de vous parler ainsi, de vous attrister peut-être... mais, je vous le jure, si M. Olivier me paraît digne de vous, alors je m'emploierai corps et âme à aplanir les nombreux obstacles qui s'opposent à votre mariage.

— Ernestine, — dit Herminie à son amie, — nous devons avoir une foi aveugle dans M. de Maillefort... la responsabilité qu'il prend en s'occupant de nous est si grande !.. et, d'ailleurs, loin de redouter les informations qu'il veut prendre... provoquez-les au contraire ; elles vous seront une preuve de plus que M. Olivier est, comme je le crois aussi, moi, en tout digne de vous.

—C'est juste, Herminie, et vous, monsieur de Maillefort, pardonnez-moi, — dit timidement mademoiselle de Beaumesnil, — j'ai eu tort... mais, hélas! il s'agit de ma seule chance de bonheur peut-être, jugez de mon inquiétude... de ma frayeur, lorsque je songe qu'elle pourrait m'échapper.

— C'est, au contraire, mon enfant, pour rendre cette chance plus certaine, que je vous parle ainsi; maintenant supposons que M. Olivier réunisse les qualités... que je désire... Il faudra d'abord décider votre tuteur à consentir à ce mariage... puis, chose plus difficile peut-être... je le crains... persuader M. Olivier qu'il peut, sans scrupule, épouser... *la plus riche héritière de France*, puisqu'il l'a aimée, la croyant pauvre et abandonnée...

— Hélas!... maintenant je suis comme vous... monsieur de Maillefort... — dit Ernestine avec accablement, — j'ai peur que M. Olivier ne refuse... Et pourtant ce refus... prouverait une telle noblesse d'âme... que, tout en me désespérant... je ne pourrais m'empêcher de l'admirer... Hélas! mon Dieu! comment faire, monsieur de Maillefort?

— Je n'en sais rien encore, mon enfant, je vais songer à cela toute cette nuit... et... j'aurai bien du malheur... si je ne trouve pas quelque chose... J'entrevois même... déjà vaguement... — ajouta le bossu en réfléchissant, — oui... pourquoi non? Enfin, une fois seul, je mettrai un peu d'ordre dans ce chaos d'idées; mais surtout ne nous désespérons pas.

— Monsieur de Maillefort, reprit Herminie, croyez-vous qu'Ernestine doive revoir bientôt M. Olivier?

— D'ici à quelques jours... non sans doute...

— Mon Dieu!... que va-t-il penser de moi? — dit tristement mademoiselle de Beaumesnil.

— Quant à cela, Ernestine, rappelez-vous que vous lui avez dit que la parente chez qui vous viviez, avait un caractère si difficile... que vous demandiez quelques jours pour décider si ce serait M. Olivier ou son oncle qui irait demander votre main à cette parente.

— Il est vrai, — reprit Ernestine, — cela me donnera du moins quelques jours... pendant lesquels M. Olivier ne sera pas inquiet...

— Et cette prétendue parente? — reprit M. de Maillefort, — c'est sans doute votre gouvernante, ma chère enfant?

— Oui, Monsieur.

— Vous êtes sûre de sa discrétion?

— Son intérêt même m'en répond, Monsieur.

— Cela est très important, car, pour qu'il y ait quelque chance de réussir... dans nos projets, il nous faut un secret absolu, — dit le bossu, — et je n'ai pas besoin de vous dire, ma chère Herminie, que Gerald lui-même doit ignorer que la petite brodeuse, dont lui a sans doute parlé M. Olivier... est mademoiselle de Beaumesnil.

— Hélas!... Monsieur, cette discrétion me sera facile... je ne reverrai Gerald que le jour où sa mère sera venue chez moi... sinon, je ne le reverrai jamais... — dit la jeune fille avec accablement.

— Allons... mon enfant, du courage, — lui dit le bossu, — je ne suis pas dévôt, mais je crois au *Dieu des bonnes gens*... Vous voyez qu'il s'est déjà passablement manifesté, en nous réunissant tous trois. Courage donc... Mais, pour en revenir à M. Olivier, ma chère Herminie... si vous le voyez, comme c'est probable, vous lui direz qu'Ernestine est un peu souffrante... cela me donnera le temps d'aviser, car tout ce que je vous demande, mes pauvres chères enfants, c'est de me donner seulement huit jours... Si, en huit jours, je n'ai pas conduit les choses à bien, c'est que cela aura été impossible... de toutes façons... Alors, il sera temps de songer à la résignation... aux consolations... Et, tenez, mes enfants, avouez que s'il vous fallait renoncer à ces mariages si désirés... ce cruel chagrin vous abattrait moins... réunies toutes deux qu'isolées ! Et puis enfin, je serai là aussi, moi, et, à nous trois, nous serons bien forts contre le malheur.

— Ah ! monsieur de Maillefort, — dit Herminie, — un si grand chagrin... sans l'amitié d'Ernestine... sans la vôtre... ç'eût été la mort.

— Hélas ! ma pauvre Herminie, — reprit Ernestine, pendant ces huit jours qui vont s'écouler, quelles angoisses, quelles craintes! Mais, du moins, nous nous verrons chaque jour, n'est-ce pas ? Et bien mieux, — s'écria mademoiselle de Beaumesnil, tressaillant de bonheur à cette idée subite, — nous ne nous quitterons plus.

— Que dites-vous Ernestine ?

— Vous logerez ici, avec moi... dès aujourd'hui, Herminie... N'est-ce pas, monsieur de Maillefort ?

— Ernestine... ce serait un grand bonheur pour moi, — répondit Herminie en rougissant, — mais... je ne saurais accepter.

Le bossu devina le sentiment d'orgueil d'Herminie : elle eût considéré comme une sorte d'humiliation d'accepter de la riche héritière... une vie oisive et somptueuse... et, d'ailleurs, la proposition d'Ernestine, en admettant même qu'elle eût été acceptée par *la duchesse*, pouvait contrarier les desseins de M. de Maillefort ; aussi dit-il à mademoiselle de Beaumesnil qui était aussi surprise que chagrine du refus de son amie :

— Il y aurait, je crois, de graves inconvénients pour mes projets, ma chère enfant, à mettre votre tuteur et sa famille dans le secret de votre tendresse pour Herminie, car l'on rechercherait ici la cause de cette liaison si subite et si intime avec la jeune personne que vous êtes sensée avoir vue aujourd'hui pour la première fois, et ces soupçons... la défiance qu'ils exciteraient... pourraient me gêner beaucoup...

— Allons... il faut se résigner, — reprit tristement Ernestine, il m'eût été pourtant si doux de passer avec Herminie ces huit jours d'attente et d'angoisse...

— Je partage vos regrets, Ernestine, — dit *la duchesse*, mais M. de Maillefort sait mieux que nous ce qui convient à nos intérêts... et d'ailleurs, cette brusque disparition de chez moi aurait peut-être éveillé les soupçons de M. Olivier ; il m'eût été impossible de lui donner de vos nouvelles... et puis enfin, ma chère Ernestine, il ne faut pas oublier que je vis de mes leçons... et je ne puis rester huit jours oisive...

A ces mots, le premier mouvement de mademoiselle de Beaumesnil fut de regarder *la duchesse* avec une sorte de stupeur, ne comprenant pas qu'Herminie pût songer à continuer de travailler pour vivre, maintenant qu'elle avait pour amie *la plus riche héritière de France*...

Mais réfléchissant bientôt à la délicatesse et à l'orgueil de la jeune artiste, mademoiselle de Beaumesnil frémit en pensant qu'elle avait été sur le point de blesser peut-être à jamais son amie par une offre inconsidérée.

— Il est vrai, ma chère Herminie, — répondit-elle donc, — je ne songeais pas à vos leçons... En effet, vous ne pouvez les manquer... mais du moins vous me classerez parmi vos élèves favorites, et vous ne serez pas un jour sans venir, n'est-ce pas?

— Oh! je vous le promets, répondit Herminie, soulagée d'un poids cruel, car, un instant, et ainsi que l'avait pressenti Ernestine, *la duchesse* avait tremblé que son amie n'insistât pour lui faire accepter une hospitalité qu'elle regardait comme une humiliation.

— Ainsi donc, mes enfants, — dit le marquis en se levant, — tout est bien convenu de la sorte... Quant à votre manière d'être avec votre tuteur, ma chère Ernestine, soyez froide, réservée..., vivez le plus possible chez vous... mais ne témoignez à ces gens là aucun amer ressentiment... Un éclat pourrait nous tous compromettre... Plus tard nous verrons.

— A ce propos, monsieur de Maillefort, — reprit Ernestine, — je crois bon de vous avertir que madame de la Rochaiguë, toujours persuadée que j'ai l'intention d'épouser M. Gerald... voulait aujourd'hui même m'engager à recevoir madame de Senneterre... J'ai demandé quelques jours pour réfléchir...

— Vous avez sagement fait, mon enfant; mais demain... il faudra formellement déclarer à madame de la Rochaiguë, que vous ne voulez pas vous marier avec Gérald... sans donner d'autres explications; je me chargerai du reste.

— Je suivrai vos avis, Monsieur... Demain, je vous dirai, à vous, Herminie... pour vous rendre fière et heureuse, combien la conduite de M. de Senneterre a été belle et loyale envers moi; n'est-ce pas, Monsieur de Maillefort?

— Elle a été admirable... ma chère enfant. Gerald m'avait prévenu d'avance de son projet, et il n'a pas failli à sa promesse... Allons! mes enfants, il faut vous séparer.

— Mon Dieu! déjà... — dit Ernestine, — laissez-moi du moins Herminie jusqu'à ce soir... Monsieur de Maillefort.

— Malheureusement, je ne puis rester, Ernestine, — dit *la duchesse* en tâchant de sourire. — J'ai à cinq heures une leçon chez un M. Bouffard, que M. de Maillefort connaît, et il faut que je sois très exacte pour conserver mes écolières.

— Je n'ai rien à dire à cela, Herminie, il faut se résigner, — répondit mademoiselle de Beaumesnil avec un soupir, car elle songeait aux difficultés, aux entraves sans nombre, que le travail auquel était obligée Herminie, apportait dans les plus douces relations de sa vie.

— Mais du moins, — reprit-elle, — à demain Herminie.

— Oh! oui... — répondit *la duchesse*... et j'attendrai demain avec autant d'impatience que vous... je vous l'assure...

— Herminie, dit soudain mademoiselle de Beaumesnil, d'une voix émue, — m'aimez-vous toujours autant... que lorsque vous me croyiez Ernestine... la petite brodeuse?

— Je vous aime... peut-être davantage encore — répondit *la duchesse* avec effusion ; — car mademoiselle de Beaumesnil a conservé le cœur d'Ernestine, la brodeuse...

Les deux jeunes filles s'embrassèrent encore une fois et se séparèrent.

X

Deux jours après son entretien avec Herminie et Ernestine, M. de Maillefort, ensuite de deux longues et sérieuses conversations avec Gerald, à qui il recommanda de ne tenter aucune démarche auprès de sa mère à propos d'Herminie, M. de Maillefort écrivit à la duchesse de Senneterre pour lui demander un rendez-vous le jour même, et se présenta chez elle à l'heure convenue.

Le marquis, prévenu par Gerald, ne s'étonna pas de l'expression de chagrin courroucé, mêlé d'accablement, qu'il trouva sur la physionomie de madame de Senneterre ; car, le matin même, madame de la Rochaiguë lui avait annoncé que mademoiselle de Beaumesnil, tout en appréciant M. de Senneterre comme il devait l'être, ne voulait pas l'épouser.

A la vue du bossu, les ressentiments de madame de Senneterre s'exaspérèrent encore, et elle lui dit avec amertume :

— Avouez, Monsieur, que je suis grandement généreuse ?

— En quoi cela, Madame ?

— Ne vous donnai-je pas, Monsieur, le plaisir de venir insulter aux chagrins que vous avez causés ?

— De quels chagrins voulez-vous parler ?

— De quels chagrins ! — s'écria la duchesse avec explosion, — n'est-ce pas votre faute... si le mariage de mon fils avec mademoiselle de Beaumesnil est rompu ?

— C'est ma faute ?

— Oh!... je ne suis pas votre dupe, Monsieur, et c'est pour que vous en soyez bien certain que j'ai accepté le rendez-vous que vous avez eu l'audace de me demander... Je n'ai pas voulu laisser échapper cette occasion de vous dire bien en face l'aversion que vous m'inspirez.

— Soit... Madame; c'est un sujet de conversation tout comme un autre, et vous excellez dans ce genre d'entretien.

— Monsieur de Maillefort m'obligera de garder son impertinente ironie pour une occasion meilleure, — dit madame de Senneterre avec une hauteur courroucée, — et il voudra bien se rappeler qu'il a l'honneur de parler à la duchesse de Senneterre !

— Madame la duchesse de Senneterre me fera la grâce de me traiter avec la considération qui m'est due, — répondit sévèrement le bossu, — sinon je mesurerai exactement mes paroles sur les paroles de madame de Senneterre.

— Une menace... Monsieur !

— Une leçon... Madame...

— Une leçon... à moi !

— Et pourquoi donc pas? Comment ! moi qui étais le plus ancien ami de votre mari, moi qui aime Gérald comme un fils... moi qui ai droit aux égards, à l'estime de tous... entendez-vous bien, Madame, à l'estime de tous, moi dont la naissance est au moins égale à la vôtre (il faut bien vous dire cela, puisque vous attachez un si haut prix à ces misères), vous m'accueillez l'injure à la bouche, la colère dans le regard, et je ne vous rappellerais pas à ce que vous me devez,... à ce que vous vous devez à vous-même !...

Comme toutes les personnes vaines, altières, habituées à n'être jamais contredites, madame de Senneterre devait être d'abord surprise, irritée, puis dominée par un langage rempli de bon sens et de fermeté; aussi, sa colère faisant place à un douloureux accablement, elle reprit :

— Eh! Monsieur! faites au moins la part du désespoir qu'une mère éprouve en voyant l'avenir de son fils à jamais perdu.

— Comment perdu?

— Oui, Monsieur... et par votre faute encore.

— Voulez-vous avoir la bonté de me démontrer cela ?

— Mon Dieu, Monsieur, je sais maintenant quelle influence vous avez sur mademoiselle de Beaumesnil... Mon fils... a en vous une confiance qu'il n'a pas pour moi... et, si vous l'aviez bien voulu, ce mariage, d'abord en si bonne voie, n'aurait pas été brusquement rompu... sans que l'on sache pourquoi... Oui, il y a là un mystère dont seul vous avez le secret. Et quand je pense que Gérald, avec son grand nom, pouvait être le plus riche propriétaire de France... et qu'il n'en est rien,.. je suis... eh bien ! oui... je suis la plus malheureuse des femmes et des mères... et tenez... vous le voyez, Monsieur, j'en pleure de douleur et de rage... Vous êtes bien content, n'est-ce pas?

Et, en effet, la duchesse de Senneterre pleura.

Sans l'intérêt qu'il portait à Gerald et à Herminie, M. de Maillefort, loin d'être appitoyé par ces larmes ridicules, eût tourné le dos à cette femme vaine et cupide qui se croyait naïvement la plus tendre et la plus infortunée des mères, en cela qu'elle avait voulu, par tous les moyens possibles, assurer à son fils une fortune immense, et que ce beau projet avait échoué; mais désirant surtout mener à bonne fin la difficile entreprise dont il était chargé, le marquis laissa passer la première effusion d'une douleur dont il n'était nullement touché, et reprit :

— Le mystère est bien simple... Gerald et mademoiselle de Beaumesnil s'apprécient parfaitement l'un et l'autre ;... seulement... ils ne s'aiment pas d'amour... voilà tout.

— Eh ! Monsieur... que fait l'amour à cela ? est-ce que de pareils mariages... pas plus que ceux des familles royales, se font jamais par amour ?...

— Vous sentez bien, Madame, que je ne vous ai pas demandé une entrevue sérieuse pour discuter avec vous cette thèse vieille comme le monde : *lequel vaut mieux d'un mariage de convenance ou d'un mariage d'amour ?*

nous ne nous entendrions jamais ; d'ailleurs il s'agit d'un fait accompli : le mariage de Gerald et de mademoiselle de Beaumesnil est désormais impossible... vous pouvez m'en croire... Les millions de l'héritière ne seront pas pour votre fils qui, du reste, n'y tenait guères, le digne garçon !

— Oui, et grâce à ce désintéressement stupide, ou plutôt à cette odieuse insouciance de l'éclat de leur nom, — reprit madame de Senneterre avec amertume, — les représentants des plus grandes maisons tombent dans une honteuse médiocrité... C'est ainsi que mon père et mon mari, en négligeant les moyens de rétablir la fortune que cette infâme révolution nous avait enlevée... ont laissé mon fils et mes filles sans fortune, et,

L'ORGUEIL.

par le temps qui court... je vous demande un peu comment je pourrai marier mes filles, tandis que Gerald, puissamment riche, venant en aide à ses sœurs, elles auraient pu trouver ainsi des partis sortables... et vous voulez, Monsieur, que je ne sois pas désespérée de la ruine de mes projets, moi qui, un moment, ai rêvé pour mon fils une fortune à la hauteur de sa naissance.

— Allons, soit... Madame... vous aimez Gerald à votre manière; ce n'est pas la bonne; mais enfin, tant bien que mal, vous l'aimez.

— Oh! oui, je l'aime... — dit madame de Senneterre d'une voix concentrée, — je l'aime... comme je dois l'aimer...

— Nous allons voir cela.

— Que voulez-vous dire, Monsieur?

— D'abord, je dois vous déclarer que Gerald est passionnément amoureux, et que...

Madame de Senneterre bondit sur son fauteuil, devint pourpre de colère et s'écria impétueusement en interrompant le bossu :

— C'est indigne... je m'en étais toujours douté... voilà le mystère éclairci... c'est de mon fils que vient le refus... car cette petite Beaumesnil était folle de lui! Je l'ai bien vu à ce bal... et c'est vous, Monsieur, vous qui avez prêté les mains à cette abominable intrigue !

Puis la colère de madame de Senneterre atteignant à son comble, elle s'écria :

— Jamais je ne reverrai mon fils ; il n'a ni cœur ni âme !

Le marquis s'attendait à cette explosion ; il la laissa passer et reprit :

— Vous m'avez interrompu, Madame, et je continue... en vous faisant toutefois observer que mademoiselle de Beaumesnil, loin d'être folle de Gerald, a, de son côté, une affection très sincère et très noblement placée.

— L'effrontée !

S'écria la duchesse avec une telle naïveté, que le bossu, malgré ses graves préoccupations, ne put s'empêcher de sourire imperceptiblement, et continua :

— Je vous disais donc, Madame, que Gerald était passionnément amoureux... d'une jeune fille... digne en tout de cet amour.

— Je vous prie, Monsieur, de ne pas me dire un mot de plus à ce sujet, — reprit madame de Senneterre, en affectant un calme que démentait le tremblement de sa voix ; — tout est à jamais fini entre mon fils et moi... Il peut aimer qui bon lui semble... épouser qui bon lui semble... après sommations respectueuses... car il a l'âge voulu pour se passer de mon consentement; qu'il traîne s'il le veut son nom dans la boue... De ce jour je reprends le nom de ma famille, je dirai partout et bien haut pourquoi je rougis de porter un nom avili... déshonoré... Du moins je trouverai quelque consolation auprès de mes filles...

A ces paroles, dont la violence égalait la déraison, le marquis reprit gravement :

— Votre fils, Madame, comprend ses devoirs envers vous... autrement que vous ne comprenez les vôtres à son égard; il ne vous fera pas de sommations; il vous honorera, il vous respectera, ainsi qu'il l'a fait jusqu'ici; il ne se mariera qu'avec votre consentement...

— Vraiment ! — s'écria madame de Senneterre avec un éclat de rire sardonique, — il me fait cet honneur ?

— Malgré le profond amour qu'elle a pour lui... la personne qu'il recherche ne veut l'épouser qu'à une condition ;... c'est que vous irez, Madame, dire à cette personne... que vous êtes consentante à ce mariage.

— Monsieur de Maillefort... c'est une gageure, sans doute, une plaisanterie ?

— C'est une question de vie ou de mort pour votre fils, Madame !

L'accent du marquis, l'expression de ses traits furent empreints d'une si menaçante autorité, que madame de Senneterre s'écria, effrayée :

— Monsieur, que dites-vous ?

— Je dis, Madame, que vous êtes une mère sans entrailles si vous n'avez pas remarqué la pâleur, l'accablement de votre fils depuis quelque temps. Et le jour de ce bal, où ce malheureux enfant s'est courageusement traîné, votre médecin ne vous a-t-il pas déclaré devant moi que, sans les moyens héroïques auxquels il venait de recourir, vous risquiez de perdre votre fils d'une fièvre cérébrale ?

Remise peu à peu de son alarme et regrettant de s'être laissée attendrir un instant, madame de Senneterre reprit avec un sourire de dédain :

— Allons donc ! une fièvre cérébrale se guérit avec des saignées, Monsieur, et l'on ne meurt d'amour que dans les romans, et dans les mauvais romans encore...

— C'est une plaisanterie toute tendre... toute maternelle... que vous faites là, Madame, et, pour y correspondre, je vous dirai tout aussi plaisamment... que si, sous peu de jours et après avoir pris et reçu toutes les informations nécessaires sur la personne dont je vous parle... vous ne faites pas auprès d'elle la démarche qu'elle attend de vous...

— Eh bien ! Monsieur ?

— Eh bien ! Madame... votre fils se tuera.

— Oui, — reprit madame de Senneterre avec un redoublement d'ironie, — comme dans je ne sais plus quel mélodrame...

— Je vous dis que votre fils se tuera, malheureuse folle,—s'écria le marquis, effrayant de conviction ; — je vous dis que le dernier duc de Senneterre... finira par un suicide... comme le dernier duc de Bretigny.

Cette allusion à un évènement tragique, récent, dont on avait parlé chez madame de Mirecourt, fit tressaillir madame de Senneterre... Elle connaissait la rare énergie du caractère de Gerald ; elle savait combien i souffrait d'un chagrin qu'il lui cachait ; elle avait enfin, malgré elle, une si profonde estime pour le caractère de M. de Maillefort, qu'elle savait incapable de parler de la possibilité du suicide de Gerald, s'il n'était convaincu de l'imminence de cet évènement, que, dans son épouvante, la malheureuse femme s'écria :

— Ah ! Monsieur ! ce que vous dites-là est affreux ! la maison de Senneterre s'éteindre par un suicide...

Dans ce cri, l'aveugle vanité de race parlait plus haut que la maternité ; cette femme, stupidement hautaine, tremblait d'abord, et surtout, à cette pensée que le nom des Senneterre, cette grande et illustre maison, pouvait s'éteindre... et s'éteindre par un acte que le monde où elle vivait, qualifiait de crime.

Le marquis ne pouvait se tromper sur les sentiments de madame de Senneterre ; aussi reprit-il :

— Oui, si vous êtes aussi aveugle qu'impitoyable, ce beau nom de Senneterre, souvent glorieux, toujours honoré, disparaîtra pour jamais dans les larmes et dans le sang.

— Monsieur de Maillefort... cette idée est horrible... Je sais mon malheureux fils capable... de tout... Oh! non! non! je ne veux pas penser à cela; vous me faites frémir... Et quand je me rappelle le deuil, le désespoir, la honte de cette famille qui a vu... le chef de sa maison... finir par un crime horrible... tenez... assez... assez... j'en deviendrais folle...

Et passant ses mains sur son front inondé d'une sueur froide, madame de Senneterre reprit :

— Je vous dis, Monsieur, que je ne veux pas songer à cela... Enfin... cette personne, qui est-elle? Quoique je sois dans une mortelle angoisse au sujet du choix que Gerald a pu faire... une chose du moins me rassure un peu... c'est que cette personne prétend que j'aille lui dire que je consens à son mariage avec mon fils. Or... pour oser attendre de moi... une démarche... pareille, il faut être dans une telle position sociale... que je n'aie pas du moins à redouter... quelque amour indigne... de la part de mon fils.

— Gerald a noblement placé son amour, Madame... j'ai déjà eu l'honneur de vous l'affirmer, — reprit sévèrement le marquis. — Ordinairement... ce que je dis... on le croit.

— Il est vrai, Monsieur... votre garantie doit me rassurer encore... Sans doute je n'aurai plus jamais l'occasion de faire le rêve que j'avais fait pour mon fils... mais enfin...

si la personne dont vous parlez... a de la naissance... de la fortune et...

Le bossu interrompit madame de Senneterre et lui dit :

— La personne dont il est question est une orpheline... elle est maîtresse de piano et vit de ses leçons.

Il est impossible de rendre l'expression des traits de madame de Senneterre en entendant les paroles du marquis ; elle eût ressenti une commotion électrique, que le mouvement qui la fit se lever, n'eût pas été plus brusque.

— Une aventurière! une drôlesse!... ce misérable enfant devait finir par là!—s'écriat-elle,—quelle honte pour mon nom et pour celui de mes filles!

Et comme M. de Maillefort se levait non moins vivement pour répondre à madame de Senneterre, celle-ci l'interrompit en ajoutant :

— Et une pareille créature a l'audace... d'exiger que moi... moi... je m'abaisse jusques à aller lui...

Madame de Senneterre n'acheva pas ; elle aurait cru souiller ses lèvres en répétant cette proposition énorme... inouïe ; mais elle partit d'un éclat de rire sardonique, presque convulsif.

Puis un calme glacial succédant à cette exaspération, madame de Senneterre prit le bras de M. de Maillefort d'une main tremblante, et lui dit :

— Mon cher Monsieur... écoutez-moi bien... mon indigne fils... viendrait là... entendez-vous... là, devant moi... me dire... « Je me « tue à vos yeux si vous me refusez votre « consentement... » Je lui répondrais : Tuez-vous ! j'aime mieux vous voir mort... qu'infâme... J'aime mieux que votre nom s'éteigne... que de le voir perpétuer pour votre déshonneur, pour le mien... et pour celui de vos sœurs...

Et comme le marquis allait se récrier, elle ajouta :

— Monsieur de Maillefort... je ne m'emporte pas... je suis calme... je vous dis ce que je pense, je vous dis ce que je ferais... et, après l'insultante prétention de mon fils et de sa complice, ce n'est plus de l'amour maternel que je ressens pour lui... ce n'est pas même de l'indifférence... c'est du mépris, c'est de la haine... entendez-vous bien?... oui, de la haine... Dites-lui cela... je reporterai sur mes filles toute l'affection que je portais à ce misérable...

Cette femme agirait ainsi qu'elle dit, pensa le marquis avec horreur, l'insistance serait vaine, la raison échouerait à combattre cette aveugle opiniâtreté (et le bossu ne se trompait pas). Cette femme, ainsi qu'elle le dit, verrait d'un œil stupide et farouche son fils se tuer à ses pieds! C'est la vanité de race, poussée jusqu'à l'obtuse férocité de la bête. Pauvre Gerald! pauvre Herminie!

FIN DU CINQUIÈME VOLUME.

Imp. de E. Dépée, à Sceaux (Seine)

L'ENVIE

FÉLIX BASTIEN.

ŒUVRES D'EUGÈNE SUE

Martin l'Enfant trouvé
Le Juif errant
Les Mystères de Paris
Mathilde
Deux Histoires
Le Marquis de Létorière
Latréaumont
Jean Cavalier
Le Morne-au-Diable
Thérèse Dunoyer
Hercamouth
L'Aventurier de Koat-Ven
Paula Monti
Le Commandeur de Malte
Plick et Plock
Atar-Gull
Arthur
Cucaratcha
La Salamandre
L'Orgueil (la Duchesse)

SOUS PRESSE

L'Envie
La Colère
La Luxure
La Paresse
L'Avarice
La Gourmandise

Paris. — Imp. Lacrampe fils et Comp., rue Damiette, 2

www.ingramcontent.com/pod-product-compliance
Lightning Source LLC
Chambersburg PA
CBHW071255160426
43196CB00009B/1298